Fabian Lenk

Das Schülergericht

Hase und Igel®

Für Simone,
als kleiner Dank für ihre großartigen Ideen.

Dank an Axel Jens
für die juristische Beratung.

Dank an Thomas Strobl und Martin Zeller
für ihre anschauliche Darstellung des Freeclimbings.

Für Lehrkräfte gibt es zu diesem Buch
ausführliches Begleitmaterial beim Hase und Igel Verlag.

© für diese Schulausgabe
2004 Hase und Igel Verlag GmbH, Garching b. München
www.hase-und-igel.de
Umschlaggestaltung: Karla Hendel
Die Schreibweise folgt den Regeln der neuen Rechtschreibung.
Druck: CPI – Ebner & Spiegel, Ulm

ISBN 978-3-86760-026-2
3. Auflage 2009

1. Es konnte nicht mehr lange dauern. Fynn wartete mit rund 50 anderen Oberstufenschülern in dem überfüllten Raum, der dem Albert-Einstein-Gymnasium als Gerichtssaal diente. Der komplette Sozialkundekurs der 11. Klasse war da, niemand fehlte. Aber auch viele andere Schüler drängten sich in dem Raum. Es wurde gemurmelt und getuschelt.

Neugier, dachte Fynn. Oder Sensationslust. Er warf einen Blick auf die Uhr. Lena, die in die Rolle der Richterin geschlüpft war, und die beiden Schöffen hatten sich vor 20 Minuten zur Beratung in ein Nebenzimmer zurückgezogen. Fynn hatte noch keinen Prozess an seiner Schule versäumt. Der 17-Jährige mit den kurzen, braunen Haaren saß in der vorletzten Reihe ganz außen. Er starrte nach vorn, zur Tür des Nebenzimmers.

Die Klinke wurde heruntergedrückt. Es war so weit. Alle standen auf. Lenas Blick glitt über die dicht besetzten Stuhlreihen. Das Gemurmel erstarb.

Erstaunlich! Wie macht sie das nur?, fragte sich Fynn. Das gelang sonst noch nicht einmal einem Lehrer. Vielleicht lag es daran, dass die Schüler das Gericht und seine Vertreter sehr ernst nahmen. Manchmal zu ernst.

Lena stellte sich hinter den Richterstuhl. Die Schöffen folgten ihrem Beispiel. An einem Tisch rechts von ihnen standen zwei weitere Mitschüler: Pascal, der Angeklagte, und Toto, der die Verteidigung übernommen hatte. Toto grinste. Pascal schaute in die Luft, als ginge ihn das Ganze nichts an. Ihnen gegenüber trommelte Jan, der diesmal in die Rolle des Staatsanwalts geschlüpft war, mit den Fingern feine, leise Wirbel auf die Tischplatte.

Fynn hörte ein Rascheln und blickte wieder zu Lena, die sich gerade bückte, um ein Blatt Papier aufzuheben, das ihr heruntergefallen war. Vielleicht war sie doch nicht ganz so souverän, wie sie sich gab. Doch dann richtete sie sich wieder auf, strich sich die langen dunkelbraunen Haare aus dem Gesicht und lächelte. Das Blatt Papier in ihren Händen zitterte kein bisschen, als sie sich räusperte und sagte: „Im Namen dieser Schule ergeht folgendes Urteil: Der Angeklagte Pascal wird wegen Sachbeschädigung zu einem zehnstündigen Arbeitseinsatz im Biotop unserer Schule verurteilt. Durch Zeugenaussagen ist belegt, dass Pascal in der Nacht zum 26. März im Anschluss an eine Stufenfete das Biotop vorsätzlich verwüstet hat und –"

Toto schüttelte ärgerlich den Kopf. Er hatte auf Freispruch plädiert. „Unsinn!", rief er dazwischen. „Diese sogenannten Zeugen hatten alle etwas getrunken. Außerdem –"

„Ruhe! Die Verteidigung hatte bereits das Wort", würgte ihn Lena ab.

„Willst du mir den Mund verbieten?"

Lena hielt Totos Blick stand. „Ich entziehe der Verteidigung das Wort."

Spöttisch verneigte sich Toto vor ihr: „Wenn das einer fairen Verhandlung dient …"

Einige im Publikum lachten unterdrückt. Fynn dagegen wurde wütend. Er hielt das Urteil für gerechtfertigt. Und er verabscheute Totos arrogante Art. Gleichzeitig bewunderte er Lenas Souveränität, mit der sie Toto Paroli bot. Insgeheim hätte Fynn auch gern mal die Rolle des Richters übernommen.

Lena fuhr fort: „Pascals Einsatz im Biotop ist innerhalb eines Monats zu leisten. Bitte nehmt Platz."

Alle setzten sich. Das Getuschel ging wieder los. Fynn hörte, wie jemand einen Witz über Pascal riss, der jetzt im Biotop Unkraut jäten und Pflanzen gießen musste. Eine Mitschülerin mokierte sich über Lenas Ausdrucksweise: „*Das Wort entziehen* – hat die das aus dem Fernsehen?"

Lena warf einen Blick auf das Blatt Papier in ihren Händen. „Der Staatsanwalt hatte mit einem 20-stündigen Arbeitseinsatz ein härteres Urteil gefordert, doch die Umstände in dieser Nacht sind strafmildernd zu werten."

Toto lachte lautlos.

Typisch, schoss es Fynn durch den Kopf. Toto musste sich einfach über alles lustig machen. Ärgerlich verzog Fynn das Gesicht.

Lena ließ sich nicht beirren: „Denn in dieser Nacht war Pascal nicht allein. Es ist auch unwahrscheinlich, dass nur *er* das Biotop verwüstete. Pascal gehörte zu einer Gruppe, die sich mit Alkohol hochschaukelte.

Hinzu kam ein gehöriges Maß an Frust über eine mit *mangelhaft* benotete Schularbeit. Pascal hat seine Wut auf die Schule an einer ihrer Einrichtungen ausgelassen. Diesen Schaden wird er im Rahmen des Arbeitseinsatzes beheben." Lena machte eine kleine Pause, bevor sie die Verhandlung für geschlossen erklärte.

Fynn staunte, wie gut es ihr gelungen war, ihre Entscheidung nachvollziehbar zu machen und damit den Gegnern des Urteils den Wind aus den Segeln zu nehmen. Bislang waren schon mehrere Schüler in die Rolle des Richters geschlüpft, aber keiner von ihnen war derart überzeugend gewesen.

Im Kurs wurde das Urteil nun lebhaft diskutiert. Fynn blieb allein. Er sah, wie Micha, der Jahrgangssprecher, nach vorn lief und Lena küsste. Während Lena ihre Unterlagen zusammensuchte, besprachen die beiden irgendetwas, aber Fynn verstand kein Wort. Micha nahm Lena bei der Hand und zog sie mit sich Richtung Ausgang. Toto folgte ihnen. Auch die anderen Jugendlichen verließen nach und nach die Schule.

Das Gericht kam jeden Montag erst am späten Nachmittag zusammen und so hatte heute keiner der Schüler anschließend noch Unterricht.

Fynn schob sich durch die Menge und ging Micha, Lena und Toto hinterher. Draußen regnete es in Strömen. Auf dem Asphalt hatten sich große Pfützen gebildet. Der Schulhof war eine Betonwüste. Nur einige wenige Bäume streckten ihre Äste in den grauen Himmel. Um die Stämme gruppierten sich Bänke, von denen der Lack abgeblättert war und die mit eingeritzten Worten übersät waren.

Unter dem Vordach der Sporthalle suchten Lena und die anderen Schutz. Toto zog eine Schachtel Zigaretten hervor und ließ sie herumgehen. Micha bediente sich. Zögerlich gesellte Fynn sich dazu und vergrub die Hände in den Hosentaschen. Lena nickte flüchtig in seine Richtung, während Toto Fynns Ankunft mit hochgezogenen Augenbrauen registrierte.

„Tja, jetzt kann Pascal schon mal den Spaten schultern!", lachte Micha.

„Ein schwachsinniges Urteil", meinte Toto verächtlich. Er blies den Rauch seiner Zigarette in den Regen hinaus. „Viel zu hart. Schülergericht – so ein Quatsch. Man sollte diesen ganzen Unfug schleunigst wieder abschaffen. Das war das letzte Mal, dass ich mich da engagiert habe."

„Niemand hat dich darum gebeten", warf Lena ärgerlich ein. „Du hast dich selbst für die Verteidigung gemeldet."

Toto grinste. „Klar, weil ich davon ausgehen musste, diesen Prozess zu gewinnen. Und ich gewinne nun einmal gern."

„Dir geht es immer nur um Sieg oder Niederlage, oder?", meinte Lena. „Aber die Idee des Gerichts ist eine völlig andere."

„Sie hat recht", sprang ihr Micha bei. „Wir sind hier doch nicht beim Fußball."

Totos Miene verfinsterte sich: „Und worum geht es *dir*, Lena? Um Gerechtigkeit? Dass ich nicht lache. Du wolltest deinen Auftritt und du hast ihn bekommen. Allein schon, wie du dich ausgedrückt hast! Hast du das alles auswendig gelernt?"

Lena schüttelte den Kopf: „Du spinnst. Und du bist ein schlechter Verlierer."

„Verlierer? Also geht es doch auch dir nur um Sieg oder Niederlage. Denn wenn es um Gerechtigkeit gegangen wäre, hättest du Pascal freisprechen müssen. Was hat er schon groß gemacht? Ein paar Blümchen zertrampelt! Mir kommen gleich die Tränen."

„Komm, Toto, du hast das Biotop selbst gesehen, nachdem Pascal es verwüstet hat", warf Micha ein. „Es sah ziemlich übel aus! Das war eindeutig Sachbeschädigung. Wer weiß, wie die Sache vor einem Jugendgericht ausgegangen wäre. Pascal ist immerhin schon öfter auffällig geworden. Aber so bekommt er eine Chance zur Wiedergutmachung – und zwar an dem Ort, wo er so viel kaputt gemacht hat. Hoffentlich hat Pascal das auch begriffen."

Toto schüttelte den Kopf: „Das glaube ich kaum. Er wird sich ungerecht behandelt fühlen. Und für mich steht fest: Bei diesem Affentheater wirke ich bestimmt nicht mehr mit."

„Jetzt mach aber mal einen Punkt. Durch dieses Gericht ist unsere Schule bundesweit bekannt geworden", sagte Micha. Toto zuckte nur mit den Schultern. Das Gespräch verstummte.

Fynn warf einen verstohlenen Blick auf Totos angespanntes Gesicht. Es hatte den Anschein, als wollte Toto noch etwas sagen. Aber er schwieg. Fynn konnte ein Grinsen nicht unterdrücken: Sah ganz so aus, als ob Toto klein beigegeben hätte.

Fynn kramte einen Kaugummi hervor, damit er etwas zu tun hatte. Langsam schälte er ihn aus dem Papier. Es stimmte: Die Gründung des Gerichts hatte wirklich für Schlagzeilen gesorgt – und zwar für überwiegend positive.

Angefangen hatte alles vor etwa einem Jahr mit einem Projekt im Sozialkundekurs. Sie hatten gerade das System der deutschen Justiz durchgenommen. Fynn konnte sich noch gut daran erinnern, wie Herr Thöne eines Morgens mit einem geheimnisvollen Lächeln den Raum betreten und verkündet hatte, dass er sich etwas ganz Besonderes überlegt hätte – eine Art Rollenspiel. Er hatte die Eckdaten eines realen Falls für sie aufgezeichnet, und die Schüler sollten nun in die verschiedenen Rollen bei Gericht schlüpfen und den Prozess so durchspielen, wie sie es für richtig hielten. Anschließend besprachen sie ihr Urteil und verglichen es mit dem Ausgang des realen Prozesses. Das Projekt was damals auf so großes Interesse in der Lehrerschaft gestoßen und die Schüler hatten sich so begeistert beteiligt, dass daraus schließlich die Idee entstand, an der Schule ein Schülergericht einzurichten, das echte Fälle verhandelte und damit auch gleichzeitig den Problemen an der Schule Rechnung trug. Es hatten sich zwar auch mehrere kritische Stimmen zu Wort gemeldet, doch die waren bald verstummt angesichts des Medienrummels um Thöne und sein Gericht. Die meisten Journalisten hatten das Projekt regelrecht als pädagogischen Meilenstein gefeiert.

Fynn wurde aus seinen Gedanken gerissen, als Micha Lena fragte, ob es bei ihrer Partie Badminton im *Body Up* bliebe.

Fynn war praktisch Dauergast im *Body Up,* dem angesagtesten Fitnessstudio der Stadt, das neben einem ganzen

Park an Fitnessgeräten auch Tennis-, Squash- und Badmintonplätze hatte. Und vor allem gab es dort einen Kletterpark für Indoorclimbing-Freaks wie Fynn. Er trainierte dort mehrmals die Woche. Lena und Micha ließen sich im *Body Up* dagegen eher selten blicken.

„Klar. Ich muss vorher nur noch ein Referat vorbereiten", meinte Lena. „Aber vielleicht am frühen Abend? Wie wäre es mit sechs Uhr?"

Micha drückte seine Zigarette aus. „Gut, ich reserviere einen Platz. Wollen wir gehen?"

Fynn sah zu Boden, als sie Arm in Arm an ihm vorbeischlenderten. Ein flüchtiges „Tschüss" wehte an seine Ohren. Von Lena.

Ein, zwei Minuten stand Fynn unschlüssig herum und riss sein Kaugummipapier in kleine Fetzen. Dann beschloss auch er, allmählich zu gehen. Fynn hatte vor, heute ebenfalls im *Body Up* zu trainieren. Der Besitzer, der wie Fynn ein begeisterter Climber war, hatte eine neue Kunstwandroute ausgetüftelt, und die musste Fynn unbedingt ausprobieren.

Das Klingeln von Totos Handy ließ Fynn aufsehen. Beethovens Fünfte. Fynn beobachtete, wie Toto das Telefon betont langsam aus der Tasche seiner Lederjacke zog.

„Ja?", meinte er gelangweilt. „Einen Moment, bitte", fügte er dann schnell hinzu und sonderte sich ein Stück von Fynn ab.

Fynn sah ihn verwundert an. Wieso stellte sich Toto in den Regen? Er wirkte unruhig. Offenbar erhielt er gerade einen unangenehmen Anruf. Fynn bedauerte, dass er nicht mitbekam, worum es ging.

Was soll's, dachte er sich und wandte sich zum Gehen, aber er kam nicht weit.

„Fynn – warte!", befahl Toto und eilte zurück, das Handy noch in der Hand.

Ich überhöre das einfach, sagte sich Fynn und ging weiter.

Eine Hand legte sich auf seine Schulter.

„He, bist du taub?" Toto zog Fynn zurück unter das Vordach.

Fynn sah sich schnell um. Sie waren allein.

Toto lächelte ihn an. „Wer wird denn gleich weglaufen? Ich will mich doch nur ein bisschen mit dir unterhalten."

Fynn nickte und schwieg.

„Triple hat gerade angerufen", sagte Toto und zündete sich eine weitere Zigarette an.

Triple!, durchfuhr es Fynn. Was wollte der von ihm? Er bezahlte doch brav jeden Freitag seine 20 Euro. Sollte Triple etwa Pläne mit ihm, Fynn, haben? Wollte er ihn richtig in seine Bande aufnehmen? In Fynn keimte Hoffnung auf, doch er schob den Gedanken schnell wieder weg. Er musste realistisch bleiben: Was sollte Triple mit jemandem wie ihm vorhaben? Und selbst wenn er ihn in die Bande aufnehmen wollte, war es denn wirklich das, was er sich wünschte: um jeden Preis dazuzugehören?

Triple war der Kopf einer Jugendbande, die sich aufs Abziehen, auf Diebstähle und Einbrüche spezialisiert hatte. Ihr Erkennungsmerkmal waren Fäuste, die sich die Mitglieder auf die Brust tätowieren ließen. Je mehr Fäuste sie hatten, desto mächtiger waren sie innerhalb der Gruppe. Triple war der Einzige mit drei Fäusten. Fynn hatte keine Ahnung, woher die Bandenmitglieder das wussten, denn niemand hatte Triple je gesehen. Triple gab seine Anweisungen stets mit verstellter Stimme am Telefon. Und Toto war Triples rechte Hand.

„Freitag ist Zahltag, wie du weißt", meinte Toto gedehnt. „25 Euro."

„25? Bist du verrückt?"

„Triple hat die Tarife erhöht. Wie sieht's aus?", setzte Toto nach. „Kassensturz!"

Fynn zog sein Portemonnaie hervor.

Toto riss es ihm aus der Hand und untersuchte den Inhalt. „Gerade mal sechs Euro! Das ist ja einfach nur traurig!" Achtlos ließ er das Portemonnaie fallen.

Fynn bückte sich, um die herausgefallenen Münzen einzusammeln. Als er wieder aufstand, lag Angst in seinen Augen. Aber da war noch etwas anderes – Wut.

„Aber Fynn, du wirst doch nicht auf dumme Ideen kommen!" Toto lächelte ihn wieder an. „Weißt du, was Triple empfohlen hat, falls du dich weigerst zu zahlen?" Er kam nahe an Fynn heran: „Ich soll die Daumenschrauben anziehen. Aber das finde ich unschön, damit wollen wir doch gar nicht erst anfangen, oder?"

Fynn schob Toto zurück. „Lass mich in Ruhe. Ich kriege diesen Betrag nicht zusammen."

„Quatsch, beklau eben wieder deine Alten. Das hat doch schon öfter geklappt."

„Sie haben mich erwischt. Die Quelle ist endgültig versiegt."

„Es gibt genügend andere Quellen. Dein Vater hat doch einen Handyladen, oder? Und da gibt's garantiert eine gut gefüllte Kasse. Streng dich ein bisschen an, Kleiner."

„Das bringe ich nicht", begehrte Fynn auf.

„Natürlich bringst du das. Weil du musst. Dir bleibt keine andere Wahl." Toto schlug wieder einen vertraulichen Ton an: „Siehst du die Frau da vorn, die im Wartehäuschen an der Haltestelle sitzt und liest? Neben ihr auf der Bank liegt ihre Handtasche. Schnapp sie dir, und schon hast du ein Problem weniger. Das ist eine Sache von Sekunden. Leicht verdientes Geld. Gib uns den vereinbarten Teil, behalt den Rest und mach dir ein schönes Leben – so wie ich."

Fynn schluckte. „Du finanzierst dein schönes Leben auf meine Kosten."

Toto lächelte sein überhebliches Lächeln. „Nicht doch. Und jetzt sei schlau, Fynn, und hol dir die Kohle." Er deutete auf seine Brust. Dorthin, wo seine zwei Tattoo-Fäuste unter dem Hemd verborgen waren. „Wenn du die Sache gut machst, kannst du bei uns Mitglied werden und dir deine erste Faust verdienen. Dann werden andere für dich die Drecksarbeit erledigen. Und jetzt geh." Toto schnippte seine Zigarette auf den Boden. „Aber vergiss Freitag nicht."

Triple verstaute das Diktiergerät in der Tasche und konnte ein Grinsen nicht unterdrücken. Toto – bei jedem Telefonat mit ihm spürte Triple, wie bemüht Toto war, alles richtig zu machen. Seine Unterwürfigkeit war fast schon ein bisschen peinlich. Toto schien froh zu sein, dass jemand anders für ihn die Dinge plante – er war der geborene Befehlsempfänger.

Er würde seine Aufgabe erledigen, davon war auszugehen. Schließlich war die Aufgabe einfach, denn von Fynn war kein Widerstand zu erwarten. Wie immer. Fynn hatte Angst, und das war gut so. Vor allem aber hatte Fynn keine Freunde, niemanden, der ihm helfen konnte. Und damit gehörte er zu den idealen Opfern.

Auf die Fynns dieser Welt machen Typen wie Toto Eindruck, dachte Triple. Toto war ein Blender, der Triple überhaupt nicht imponierte. Und das bereitete Triple manchmal ein wenig Sorge. Konnte Toto sich auf längere Sicht gegen seine Abziehopfer behaupten? Würden andere ihn nicht früher oder später durchschauen? Mitunter wirkte er zögerlich. Vorhin, bei ihrem Telefonat, hatte Toto den Eindruck erweckt, dass er die Tariferhöhung für Fynn für überzogen hielt. Egal, Triple konnte ihn jederzeit austauschen. Anwärter auf die Nummer zwei in der Bande gab es genug. So mancher lauerte nur auf seine Chance und würde keine Sekunde zögern, Toto zu verdrängen – wenn nötig auch mit Gewalt.

Triple lächelte schwach. Das musste nicht sofort entschieden werden, das hatte noch Zeit.

2

Fynn bemerkte den Regen nicht, der ihm über das Gesicht perlte. Wie in Trance lief er auf die Bushaltestelle zu. Die Frau hatte aufgehört zu lesen und war aufgestanden. Fynn wurde langsamer. Ein Bus bog um die Ecke und verdeckte die Frau. Als er wieder anfuhr, war die Haltestelle verwaist. Fynn atmete durch und spürte eine seltsame Mischung aus Erleichterung und Ärger auf sich selbst, dass er die Chance vertan hatte. Warum hatte er nur so lange gezögert? Er lief zu dem Wartehäuschen und studierte den Fahrplan. Sein nächster Bus kam erst in einer Viertelstunde. Fynn wohnte mit seinen Eltern direkt in der Innenstadt, nicht weit von der Fußgängerzone entfernt, in der Fynns Vater sein Geschäft betrieb. Das Warten auf den Bus lohnte sich nicht, in derselben Zeit konnte Fynn die Strecke auch zu Fuß zurücklegen.

Fynn ging los. Jetzt endlich zog er die Kapuze seines Sweatshirts über den nassen Kopf. Die Straße war so gut wie menschenleer, nur ein Mann mit seinem Hund schlenderte an einem Grünstreifen entlang.

25 Euro. Wie sollte er die auftreiben? Fynns Magen krampfte sich zusammen. Er spürte eine ohnmächtige Wut. *Toto* hätte vorhin vor dem Gericht stehen sollen, aber nicht als Anwalt, sondern als Angeklagter. Doch wer sollte ihn anzeigen? Fynn wohl kaum – er hatte zu viel Angst vor ihm. Der charmante Toto, Kursbester in Mathematik und Physik, würde ihn, ohne zu zögern, zusammenschlagen. Oder er würde das von jemand anderem erledigen lassen – zum Beispiel von Marc, der *eine* Tattoo-Faust als Rangabzeichen hatte. Auch er gehörte zu diesen stets gut gekleideten Schlägern mit dem freundlichen Lächeln im Gesicht. Und über allen schwebte Triple, der die Fäuste nach Belieben verteilte, aber auch wieder entzog.

Wer ist dieser unsichtbare Triple, der im Hintergrund die Fäden zieht?, fragte sich Fynn. Toto hatte Fynn einmal erzählt, dass sich Triple regelmäßig meldete. Triple kundschaftete lohnende Objekte für Einbrüche aus und gab die Informationen an Toto weiter. Toto und seine Leute erledigten dann die Arbeit.

Triple nannte aber auch die Namen von Opfern, die sich für das Abziehen eigneten. Die Namen von denen, die sich nicht wehrten und die sich leicht einschüchtern ließen. Und eines Tages musste bei einem dieser Telefonate auch *sein* Name gefallen sein.

Fynn erinnerte sich noch genau daran, wie Toto ihn vor zwei Jahren das erste Mal bedroht hatte. Es war im Freibad gewesen, an einem warmen Sommerabend. Fynn lag auf seinem Handtuch und hielt ein Buch in der Hand. Er war allein ins Bad gegangen, wie üblich.

Schräg hinter ihm spielte eine Mutter mit ihren Kindern auf einer Decke. Ansonsten war das Bad schon ziemlich leer.

Plötzlich legte sich ein Schatten über Fynn. Er blickte hoch und sah Toto, der ihn freundlich grüßte. Dahinter Marc und noch zwei andere aus der Parallelklasse. Sie kannten sich nur flüchtig, hatten nicht viel miteinander zu tun. Das sollte sich an diesem Tag ändern.

Die vier legten sich neben Fynn. Er wunderte sich zunächst darüber, aber dann freute er sich. Sie quatschten oberflächlich über alles Mögliche. Fußball, Musik, Mädchen. Doch das Gespräch kam bald ins Stocken. Fynn spürte, dass die anderen kein echtes Interesse an einer Unterhaltung hatten. Sie schienen auf etwas zu warten. Eine merkwürdige Spannung lag in der Luft.

Als die Frau hinter ihnen gegangen war, schob Toto die Sonnenbrille hoch und sah Fynn an: „Wir haben Durst."

„Der Kiosk ist da drüben." Fynn zeigte auf ein kleines Häuschen.

„Du verstehst mich falsch. Du wirst jetzt rübergehen und uns vier Colas holen", sagte Toto.

Fynn schüttelte den Kopf. „Geht selber."

In diesem Moment schlug Toto zu.

„Los!" Totos Stimme klang gefährlich ruhig.

Fynn sah sich fassungslos um. Offenbar hatte niemand etwas mitbekommen. Außer Totos Freunden. Warum halfen die ihm nicht? Er blickte in ihre Gesichter. Sie grinsten ihn an und Fynn verstand. Er würde jetzt die vier Colas holen und damit hatte es sich. Glaubte er. Er stand auf.

„Gebt mir Geld", sagte er schwach.

Toto lachte auf: „Wir sind eingeladen!"

„Und bring noch ein paar Pommes mit. Irgendwie habe ich Hunger", ergänzte Marc. „Rot-weiß für mich."

Jeder gab seine Bestellung auf.

Tu es, sagte sich Fynn. Bring ihnen, was sie wollen. Dann ist es vorbei.

Er lief los. Als er mit einem Tablett zurückkam, inspizierte Marc gerade Fynns neues *Kappa*-Shirt.

„Finger weg!", rief Fynn.

Marc zog nur die Augenbrauen hoch und streifte sich das Shirt über.

„Passt!", verkündete er. „Danke. Und jetzt gib mir die Pommes."

Fynn sah ihnen zu, wie sie aßen und tranken, als wäre nichts passiert. Marc kleckerte Ketchup auf das *Kappa*-Shirt.

„Willst du nichts, Fynn?", fragte Toto freundlich.

Fynn schüttelte den Kopf.

Toto trank einen Schluck aus seiner Dose. Dann meinte er: „Dein Problem. Pass auf, Fynn, du kannst dir in Zukunft eine Menge Ärger ersparen. Dann müsste so etwas wie vorhin nicht noch mal passieren."

Fynn nahm seinen Mut zusammen: „Richtig. Ich könnte dich anzeigen. Dich und deine Truppe."

„Das wirst du nicht. Es würde nichts dabei herauskommen. Die Polizei unternimmt nichts wegen einer kleinen Ohrfeige. Und das weißt du auch", erwiderte Toto nüchtern. „Und außerdem würden wir dich in diesem Fall ein bisschen härter rannehmen müssen, wenn du verstehst, was ich meine."

Fynn spürte einen Kloß im Hals.

„Du wirst ab jetzt jeden Freitag in der ersten großen Pause zehn Euro bei mir abliefern", befahl Toto. „Als Gegenleistung dafür lassen wir dich in Ruhe. Und wenn du willst, passen wir sogar ein bisschen auf dich auf."

„Genau", ergänzte Marc. „Damit dich nicht jemand anderes melkt." Die vier lachten.

Fynn hielt das Ganze für einen üblen Scherz. Er zahlte an jenem Freitag keinen Cent an Toto. Seine Weigerung quittierte Toto mit nachsichtigem Gesicht. „Das wirst du bereuen", sagte er nur.

Noch am selben Abend lauerten sie Fynn auf dem dunklen Parkplatz des Sportstudios auf. Sie drängten ihn in eine Ecke und schlugen ihn zusammen.

Fynn schleppte sich nach Hause. Seinen entsetzten Eltern erzählte er etwas von zwei Fremden, die ihn überfallen hatten. Seitdem zahlte Fynn die zehn Euro pro Woche pünktlich. Doch Totos Forderungen wuchsen im Laufe der Zeit. Bald waren es 15 Euro, dann 20. Natürlich reichte Fynns Taschengeld nicht. Also ging auch das Geld drauf, das er sich mit Zeitungaustragen und anderen Jobs verdiente. Er plünderte sein Sparbuch. Doch auf die Dauer reichte es nicht. Schließlich war es so weit, dass er anfing seine Eltern zu bestehlen. Fynn wusste, dass seine Eltern ihn, ihr einziges Kind, liebten und dass sie ihm blind vertrauten. Nie wären sie auf die Idee gekommen, dass Fynn sie bestehlen könnte. Dieses Vertrauen, die mangelnde Wachsamkeit und Kontrolle machten es Fynn leicht. Erst waren es kleine Beträge gewesen. Als es gut ging, nahm er mehr Geld. Fynn war längst selbst kriminell geworden, um die Forderungen erfüllen zu können. In gewisser Weise war er schon ein Mitglied der Bande, ob er nun wollte oder nicht, denn er bediente sich ihrer Methoden. Er war ein Mitläufer ohne Rangabzeichen, ohne Tattoo-Faust auf der Brust, er war auch als Bandenmitglied eine Null.

Der Regen hatte nachgelassen. Doch Fynn registrierte es gar nicht. 25 Euro. Das war so gut wie unmöglich.

Sein Vater hatte ihn letzte Woche erwischt. Ein kleiner, dummer Zufall, der jedoch alles verändert hatte. Seine Mutter hatte ständig rot geweinte Augen gehabt, sein Vater war nur mit versteinerter Miene herumgelaufen. Natürlich, sie hatten geredet: Warum hast du das getan? Reicht dein Taschengeld nicht? Nimmst du Drogen, hast du dafür das Geld gebraucht? Doch Fynn hatte geschwiegen, aus Angst und aus Scham. Schließlich war er aus dem Haus gerannt.

25 Euro. Woher nehmen? Auf seinem Girokonto herrschte Ebbe, das Sparbuch war leer. Er ging im Kopf durch, mit welchen Einnahmen er in dieser Woche noch rechnen durfte. Gut, da war das Austragen des Wochenkuriers. Aber es war zu wenig. Fynn wusste, dass er das Geld nicht zusammenbekommen würde. Jedenfalls nicht legal. Er spürte, wie Panik in ihm aufstieg.

Er erreichte die Innenstadt und steuerte auf den Dom zu, um den sich der alte Friedhof drängte. Die Glocke der Turmuhr schlug. Fynn sah flüchtig hin, ohne Interesse. Doch dann hielt er plötzlich inne. Eine alte, gebeugte Frau passierte gerade das Friedhofstor. Sie war allein. An ihrem Unterarm baumelte eine Handtasche. Die Frau war klein und zerbrechlich.

Als sie an den ersten Gräbern vorbeiging, folgte Fynn ihr in einem Abstand von etwa 20 Metern und ließ sie nicht aus den Augen. Die Kapuze hatte er sich tief ins Gesicht gezogen.

Bei einem schmucklosen Holzkreuz blieb die Frau stehen. Auch Fynn verharrte. Er sah sich um und fluchte leise. Diese Stelle des Friedhofs war von der Straße aus zu gut einsehbar. Ein paar Minuten verstrichen. Fynn trat unruhig auf der Stelle. Der Kies unter seinen Schuhen knirschte. Die Frau sah in Fynns Richtung. Sofort wandte er sich ab, das Herz schlug ihm bis zum Hals.

Schließlich setzte sich die Frau wieder in Bewegung und bog in einen schmalen Weg ein, der von einem Grünstreifen gesäumt war. Der Pfad führte zu den älteren Gräbern. Grobe Steine, zum Teil verwittert und mit Moos bewachsen, reihten sich aneinander. Dahinter erhob sich eine dichte Hecke.

Fynn warf einen Blick über die Schulter. Niemand war ihnen gefolgt. Seine Hände wurden feucht. Jetzt musste er es tun!

Aber wollte er das wirklich? Was, wenn ihn doch jemand sah? Was, wenn sich die Frau wehrte? Unsinn, sagte er sich. Es musste nur alles blitzschnell gehen. Ein Kinderspiel, eine Sache von Sekunden. Und seine Probleme wären mit einem Schlag gelöst.

Fynns Schritte wurden schneller. Nur noch zehn Meter trennten ihn von der alten Frau, die erneut vor einem Grab haltmachte. Sie bekreuzigte sich. Fynn begann zu rennen. Lautlos sprintete er über den Rasen.

Die Frau sah ihn nicht kommen. Sie faltete die Hände und drückte dabei die Handtasche unbewusst an sich.

Fynn fixierte die Beute. Nur noch drei Meter. Er sprang auf die Frau zu. Erst jetzt bemerkte sie ihn und schrie auf. Schnell packte Fynn die Tasche und riss daran. Die Frau hielt sie fest, aber ihr Widerstand war schwach. Fynn zerrte noch stärker, warf sich nach hinten, entriss ihr die Tasche und taumelte rückwärts, als wäre er betrunken. Mit einem Aufschrei prallte er gegen einen Grabstein, stürzte, rappelte sich hoch und floh. Die Rufe der Frau gellten hinter ihm her. Fynn lief und lief, blind und ohne Verstand, getrieben von Furcht und getragen von einer Woge der Euphorie, die er nicht verstand. Er musste weg von diesen entsetzlichen Schreien, nur weg. Er rannte, bis seine Lungen brannten.

Keuchend hielt er an. Wo war er? Ohne es richtig zu registrieren, hatte er bei seiner kopflosen Flucht die Altstadt mit ihren vielen Kneipen erreicht. Ein düsterer Hinterhof tat sich vor ihm auf, der offenbar zu einem Lokal gehörte. Getränkekisten stapelten sich. Überquellende Mülltonnen verströmten einen ekelhaften Geruch. In einer Ecke stand ein leerer Zwinger. Dort lehnte sich Fynn gegen die Mauer und versuchte, seine Atmung zu kontrollieren. Langsam wurde er ruhiger. Jetzt erst wagte er es, die Tasche zu untersuchen. Mit zitternden Fingern ließ er den Verschluss aufschnappen. Eine Bürste, zwei Grablichter, ein Pillendöschen, Streichhölzer, eine Streifenkarte, eine Rolle mit Pfefferminzbonbons – und ein Portemonnaie! Es war so leicht gewesen! Wieder spürte er diese Euphorie.

Und wieder regte sich diese Hoffnung in ihm.

Würde er jetzt in die Bande aufgenommen werden und auch eine Faust als Tattoo bekommen? Würde er endlich für voll genommen werden und hätte so etwas wie einen Freundeskreis? Vielleicht konnten ihn die anderen in der Schule dann nicht mehr einfach übersehen, als ob er gar nicht da wäre. Doch sofort schämte er sich für seine Überlegungen. Er war schließlich ein Opfer und nicht ein Mitglied der Bande. Er stahl, um Totos Forderungen erfüllen zu können. Für die war er doch nur jemand, der zu schwach war, um sich zu wehren. Was für Freunde wären das, die ihn erpressten? Andererseits ...

Er brachte den Gedanken nicht zu Ende, riss das Portemonnaie auf. Münzen klimperten – unwichtig, Kleinkram. Eine Scheckkarte, ein Passfoto von einem Mann. Hinten war das Fach für die Scheine. Fynn griff hinein, doch seine Finger konnten nichts ertasten. Das durfte nicht wahr sein! Kein einziger Schein. Noch einmal untersuchte er den Geldbeutel, aber er fand nur vier Euro in Münzen. Fynn ließ den Kopf gegen die kalte Mauer sinken.

3

Make-up?, fragte sich Lena vor dem Spiegel. Nein, entschied sie. Nicht beim Sport. Ihr gingen Frauen auf die Nerven, die völlig aufgestylt im Fitnessstudio antanzten und deren größte Sorge es war, dass der Schweiß das Kunstwerk zerstören könnte.

Lena band ihre Haare mit einem Gummi zu einem Pferdeschwanz. Gerade hatte Micha noch einmal angerufen und gefragt, ob sie beim Badminton Lust auf ein Doppel habe – mit Jan und Nadine.

Klar, hatte sie. Jan und Nadine waren gute Freunde. Lena wandte sich vom Spiegel ab und begann ihre Sporttasche zu packen. Sie musste an Jan denken, der heute Nachmittag als Staatsanwalt die hohe Strafe für Pascal gefordert hatte. Das hatte Lena überrascht. Denn Jan war eigentlich jemand, der alles nicht so ernst nahm und überall für gute Laune sorgte. Doch vor Gericht hatte er ein anderes Gesicht gezeigt. Ein Gesicht, das Lena noch nicht kannte. Er hatte eine unerwartet harte Position vertreten und alles getan, was in seiner Macht stand, um die Strafe möglichst hoch zu treiben.

Lena suchte im Kleiderschrank nach ihrem Schläger. In der hintersten Ecke fand sie ihn.

Das ist typisch für dieses Gericht, überlegte Lena. Schon mehrfach war ihr aufgefallen, dass manche Schüler sich veränderten, sobald sie eine Funktion am Gericht übernahmen. Natürlich versuchten sie, ihren Forderungen Nachdruck zu verleihen und die anderen von ihrer Sicht der Dinge zu überzeugen. Doch manchmal hatte Lena das Gefühl, dass sie übers Ziel hinausschossen; dass sie aus dem Blick verloren, wer hier auf der Anklagebank saß – nämlich ihre Mitschüler und keine Schwerverbrecher.

Vor allem in denjenigen, die in die Rolle des Richters schlüpften, ging eine Veränderung vor. Die Richter übten Macht aus. Darin lag zweifellos ein gewisser Reiz. Letztendlich waren sie es, die über Freispruch oder Bestrafung entschieden. Andererseits war das natürlich auch nicht ganz unproblematisch. Mit ihrer Macht übernahmen die Richter zugleich ein hohes Maß an Verantwortung. Sie durften sich bei ihren Urteilen nicht davon beeinflussen lassen, ob sie den Angeklagten persönlich mochten oder nicht. Und das Amt barg noch eine weitere nicht unerhebliche Schwierigkeit. Dem Richter musste es gelingen, ein angemessenes Urteil zu fällen *und* das Publikum von seinem Urteilsspruch zu überzeugen. Wirkte er unsicher und gab sich eine Blöße, war ihm der Spott und damit ein vernichtendes Urteil des Publikums sicher.

An *ihrer* Kompetenz hatte sie jedenfalls keinen Zweifel aufkommen lassen. Lena steckte den Schläger in die Tasche und lächelte zufrieden.

Publikum, überlegte sie. Wie im Theater. So empfand es offenbar Toto. Das Gericht war seiner Meinung nach eine Bühne, auf der man sich produzieren konnte. Lena sah das anders. Das Schülergericht hatte in der Vergangenheit viel dazu beigetragen, dass am Einstein-Gymnasium einiges in Bewegung gekommen war. Nicht nur die Lehrer beschäftigten sich damit, wie man mit Gewalt an der Schule umgehen sollte, auch die Schüler setzten sich nun intensiv mit dem Problem auseinander. Und das hatte die Schule dringend nötig. Sie war ein grober Klotz aus Waschbeton, den man in den 70er-Jahren in die Landschaft gestellt hatte. Rund 1000 Schüler gingen allein auf das Gymnasium und die Realschule. Hinzu kamen etwa 600 Schüler der angegliederten Hauptschule. Dazwischen bemühte sich ein sogenanntes pädagogisches Zentrum um Harmonie zwischen den unterschiedlichen Schultypen. Oft vergeblich – denn immer wieder war es in der Vergangenheit zu Gewalttätigkeiten gekommen. Auf der anderen Seite gab es hier neben all den Konflikten gefeierte Premieren des Schülertheaters, viel beachtete Vernissagen der Kunstkurse – und das Schülergericht.

Lena kontrollierte noch mal, ob sie die Turnschuhe eingepackt hatte. Dann zog sie den Reißverschluss der Sporttasche zu.

Hat mich die Macht gereizt, als ich das Amt der Richterin übernahm, oder ist es mehr die Neugier gewesen, ob ich die Aufgabe meistern kann?, fragte sie sich. Wohl eher Ehrgeiz.

Bei ihrer Urteilsbegründung war das Publikum ruhig geblieben. Sie hatte es im Griff gehabt und hatte es überzeugt – bis auf Toto und Pascal natürlich. Was war Toto nur für ein überheblicher Idiot, der sich ständig produzieren musste. Wenn sie nur an seine Kommentare unter dem Vordach zur Turnhalle dachte …

Fynn kam ihr in den Sinn. Der war auch dabei gewesen und irgendwie auch wieder nicht. Er hatte daneben gestanden, etwas abseits, und geschwiegen. Fynn schien das Gericht zu faszinieren. Aber er übernahm nie eine Funktion. Wahrscheinlich traute er sich nicht. Er war wohl zu schüchtern. Fynn gehörte zu den ganz Stillen der Oberstufe. Im Schulalltag blieb er immer im Hintergrund, er war der klassische Mitläufer. Lena wusste kaum etwas über ihn, außer, dass er wie besessen an halsbrecherischen Felswänden – oder Kletterwänden – herumturnte und sehr gut darin sein musste. Regelmäßig berichteten die örtlichen Medien über Fynns beachtliche Erfolge bei Wettbewerben und in der Szene war er allem Anschein nach ein viel beachteter Newcomer. Das imponierte Lena. Aber richtig schlau wurde sie aus Fynn nicht. Lena schulterte die Tasche und verließ ihr Zimmer.

Das *Body Up* lag im Gewerbegebiet der Stadt. In den Räumen einer ehemaligen Fabrik war ein modernes und großzügiges Fitnessstudio entstanden. Lena holte am Check-in einen Spindschlüssel und fragte nach, welchen Court Micha reserviert hatte.

In der Umkleide traf sie Nadine, die schon umgezogen war und ihre Sachen gerade in ihrem Spind verstaute.

„Hi", grüßte Nadine lachend. „Heute lassen wir euch keine Chance."

„Wir werden es sehen. Beim letzten Mal haben wir euch vernichtend geschlagen, vergiss das nicht", erwiderte Lena grinsend.

„Eben. Das wurmt mich noch heute. Und Jan ist auch schon ganz heiß auf die Revanche!" Nadine nahm ihren Schläger. „Ich gehe schon mal vor und mache mich ein bisschen warm. Bis gleich."

Lena beeilte sich beim Umziehen. Nadine und Jan – was für ein Paar! Die beiden waren nun schon seit zwei Jahren zusammen und eigentlich immer gut drauf. Fast zu gut und zu sorglos. Als könne ihnen niemand etwas anhaben.

Jan wollte Journalistik studieren, Nadine tendierte Richtung Medizin. Sie hatten bereits im Internet die Universitäten herausgesucht, an denen beide Studiengänge angeboten wurden. Zurzeit stand München bei ihnen hoch im Kurs.

Lena wurde von ihren Freunden auf Court fünf bereits erwartet.

„Komm her!", begrüßte Micha sie strahlend. „Was hältst du davon, wenn wir den beiden heute eine kleine Lehrstunde erteilen?"

Micha sah in seinem Sportdress richtig gut aus, fand Lena. Obwohl er sehr groß war, wirkte er keineswegs schlaksig. Es war deutlich zu sehen, dass er viel Sport machte. Lena gab Micha einen Kuss und beglückwünschte sich heimlich zu ihrem Freund.

„Okay, der Verlierer darf anfangen. Also ihr", meinte Jan und warf den Federball schwungvoll über das Netz zu Lena. Sie fing ihn lachend auf und stellte sich in das Aufschlagfeld.

Eine Viertelstunde später hatten Lena und Micha den ersten Satz verloren. Außer Atem wechselten sie die Seiten.

„Hat Nadine heimlich Trainerstunden genommen?", flüsterte Micha Lena zu. „Die ist ja heute wirklich total gut drauf."

„Es liegt an uns, glaube ich. Wir sind zu langsam und reagieren einfach zu spät", erwiderte Lena ärgerlich. „Außerdem haben meine Schläge nicht die richtige Länge."

„Na, wen haben wir denn da?", meinte Micha plötzlich.

„Wo?"

„Drüben, am Fuß der Kletterwand." Micha machte eine Kopfbewegung in die Richtung. „Das ist doch Fynn."

Jetzt sah ihn auch Lena. Fynn unterhielt sich gerade mit dem Besitzer des Studios.

Sie zuckte mit den Schultern. „Fynn ist bestimmt oft hier. Wer so viel Erfolg hat, muss auch hart dafür trainieren."

„Das ist das Stichwort", entgegnete Micha. „Wir müssen uns auch mehr anstrengen, wenn wir Nadine und Jan schlagen wollen. Lass uns noch mal angreifen."

Doch es half nichts. Jan und Nadine gewannen auch den zweiten Satz, obwohl ihre Gegner alles gaben.

Später saßen die vier an der Bar im dritten Stockwerk des Studios. Im Erdgeschoss lagen die Courts und die Saunalandschaft, die zweite Ebene gehörte dem Gerätepark und den Aerobicräumen. Das Treppenhaus zog sich wie ein Schacht durch das Gebäude. Und hier hatte der Besitzer die Kletterwand installiert, die bis unter das Dach reichte. Von der Bar aus konnte man den Sportkletterern gut zuschauen.

„Die Verlierer zahlen die erste Runde, oder?", fragte Jan.

Micha willigte ein. Er bestellte Fitnessdrinks für alle. Wie selbstverständlich übernahm er auch die nächsten Getränke, obwohl das nicht abgemacht war. Manchmal fragte sich Lena, woher Micha so viel Geld hatte.

Vielleicht ist er einfach nur großzügig, überlegte sie. Sie nahm sich vor, nicht immer nach Michas Schattenseiten zu fahnden.

Nadine erzählte von ihren Plänen als Ärztin. Dass sie das Abitur und das Studium packen würde, setzte sie einfach voraus.

„Eine orthopädische Praxis in einem solchen Nobelstudio, das wär's", erklärte sie. „Ich wette, dass zwei Drittel der Leute hier drinnen Rückenprobleme haben. Einerseits kommen sie hierher, um sich von den –"

Lena schaltete ab. Sie kannte die ehrgeizigen Pläne ihrer Freundin und zweifelte nicht daran, dass sie alles schaffen würde, was sie sich in den Kopf gesetzt hatte. Aber es würde vermutlich nicht ganz so leicht sein, wie sich Nadine das vorstellte.

Ein Sportkletterer tauchte in Lenas Blickfeld auf, und sie erkannte Fynn. Er trug eine eng anliegende Hose, die bis zu den Knien reichte, ein ausgewaschenes T-Shirt und spezielle Halbschuhe. Fynn war mit einem Seil gesichert. In etwa fünf Metern Höhe klebte er förmlich an der senkrechten Wand, wie eine Spinne im Netz.

Fynns Füße hatten auf nur wenige Zentimeter breiten Tritten Halt gefunden. Die Beine waren weit gespreizt. Seine linke Hand umklammerte auf Brusthöhe einen schmalen Griff, mit der rechten tastete er nach einem Beutel, der hinten an seinem Gürtel hing. Als er hineingriff, staubte es weiß.

Lena wusste, dass das Pulver Magnesia hieß und dazu diente, schweißnasse Hände zu trocknen. Rutschige Hände konnten gefährlich werden. Sie war gespannt, was Fynn als Nächstes tun würde – denn für sie sah es so aus, als gebe es weder einen Weg nach oben noch nach unten, als habe sich Fynn verstiegen.

Doch er hatte offenbar eine Möglichkeit gefunden, denn er streckte die rechte Hand aus, so weit es ging. Seine Finger tasteten sich vor und bekamen einen weiteren, winzigen Vorsprung zu fassen, den Lena aus der Entfernung gar nicht wahrgenommen hatte. Nun drückte Fynn die Beine durch und schob den Körper am künstlichen Fels nach oben. So erklomm er die Wand Stück für Stück mit einer scheinbaren Leichtigkeit und Eleganz, die Lena ihm nie zugetraut hätte. Jede seiner Bewegungen wirkte geschickt und präzise.

Als er an eine Stelle kam, wo der Fels auch noch überhing, hielt Lena den Atem an. Fynn drückte Beine und Hüfte dicht an die Wand und klammerte sich mit der einen Hand an einem Griff fest, der zu Beginn des Überhangs angebracht war. Nun ließ er den Oberkörper langsam nach hinten sinken, bis er eine maximale Bogenspannung erreicht hatte. Allein das Zuschauen tat Lena weh. Fynns linke Hand fasste kopfüber nach hinten, etwa in die Mitte des Überhangs, fand den nächsten

Griff und packte zu. Nun zog Fynn den Körper nach, wobei er die Füße in Ritzen und Klemmen verkeilte, um nicht abzustürzen. Es verging keine Minute, da war er am Ziel – unter dem Studiodach, wo sein Seil eingehängt war.

Lena beobachtete, wie er sich oben auf die Kante der Kletterwand setzte, die Beine über dem Abgrund baumeln ließ und hinunterstarrte. Plötzlich winkte er in ihre Richtung.

Lena winkte zurück und deutete ein Klatschen an.

„He, bist du jetzt Climbing-Fan geworden?", fragte Micha.

„Ich finde das beeindruckend", gab sie zurück.

„Was: Climbing oder diesen Fynn?"

Lena verdrehte die Augen. „Sehr witzig! Natürlich das Climbing. Ich würde das nie auf die Reihe kriegen."

„Na ja, das ist doch nur eine Sache der Übung", meinte Micha und machte eine wegwerfende Handbewegung.

„Ich find die Kletterei voll bescheuert", mischte sich Jan ein. „Ich bin doch kein Affe."

Nadine nahm einen Schluck von ihrer Cola. „Dass Leute in den Bergen klettern, kann ich ja noch verstehen. Aber im Fitnessstudio, ich weiß nicht. Plastik statt Stein, das ist doch öde. Ich glaube, dass Fynn sowieso einen ziemlichen Schatten hat."

„Vielleicht trainiert er hier für die richtigen Berge", erwiderte Lena. Sie hatte jedoch keine Lust, das Thema zu vertiefen. Also schlug sie vor: „Trinken wir noch was? Wir könnten doch ins *Odeon* gehen, was meint ihr?"

4.

Immer schriller ertönte das Alarmsignal des Weckers. Fynn tastete schlafblind auf seinem Nachttisch herum, bis er endlich den richtigen Knopf fand. Stille. Fynn drehte sich auf den Rücken und starrte an die Decke. Es war Freitag.

Die Tür ging auf, und seine Mutter steckte den Kopf ins Zimmer. „Bist du wach, Fynn?"

„Weiß nicht."

Seine Mutter kam herein und setzte sich aufs Bett. Sie sah ihn an, nachdenklich und forschend. Fynn wich ihrem Blick aus und zog sich die Decke übers Gesicht.

„Alles okay mit dir?", fragte sie. Und als er nicht antwortete, sprach sie weiter. „Irgendetwas ist doch, Fynn. Seit Tagen bist du noch stiller als sonst."

„Das bildest du dir ein", kam es unter der Decke hervor.

„Nein, das tue ich nicht. Das weißt du. Ist es wegen der Sache mit dem Geld?"

Er erstarrte. Was meinte sie damit? Hatte sie etwas mitbekommen?

Doch dann wurde ihm klar, worauf sie anspielte.

„Du meinst, dass ich Papa bestohlen habe?", fragte er vorsichtig.

„Ja – was sonst?"

„Nein, es ist alles okay."

Sie gab ihm einen Klaps auf die Schulter.

„Komm, steh auf. Es ist jetzt wirklich höchste Zeit. Und wenn du mir doch etwas sagen möchtest, haben wir vielleicht beim Frühstück Zeit, in Ordnung?"

„Wie oft denn noch? Es ist nichts."

Fynn brachte das Frühstück schnell hinter sich. Er würgte einen halben Toast hinunter und trank hastig ein Glas Orangensaft. Früher als sonst schwang er sich auf sein Mountainbike und radelte zur Schule. In seinem Portemonnaie hatte er genau 20 Euro, die er mit Mühe und Not zusammengekratzt hatte. Würde Toto das als Anzahlung reichen? Aber Fynn wusste, dass er darüber nicht verhandeln konnte. Wenn Toto 25 Euro gesagt hatte, dann durfte es kein Cent weniger sein. Da brauchte sich Fynn keinen Illusionen hinzugeben. Irgendwie musste er noch fünf Euro auftreiben, doch bis zur großen Pause war nicht mehr viel Zeit. Vielleicht konnte er jemanden anpumpen. Nur wen?

Hektisch ging Fynn im Kopf ein paar Leute aus der Schule durch, während er eine abschüssige Straße hinunterfuhr. Zwei andere Radfahrer bogen vor ihm in die Straße ein. Waren das nicht – doch, das waren Lena und Nadine! Vielleicht konnte Fynn die beiden wegen der fünf Euro fragen – wenn er sich traute. So etwas war ganz sicher nicht seine Stärke. Außerdem glaubte er, dass sie ihn nicht besonders leiden konnten. Aber er musste es probieren. An einer Steigung holte er die beiden ein, radelte an ihnen vorbei und bremste, als habe er die Mitschülerinnen erst jetzt erkannt. Sein Hinterreifen quietschte.

„Hallo!", rief Fynn ein wenig zu laut, zu euphorisch.

Nadine blickte ihn gequält an, nickte knapp und schwieg. Lena rang sich ein Lächeln ab.

„Zu viel Power heute Morgen?", fragte sie.

„Ich, wieso?", gab Fynn zurück. „Ich fahre immer so. Wofür hat man sonst ein Mountainbike?"

Lena verzog das Gesicht, als hätte sie in eine Zitrone gebissen.

„Ach so. Jedem das Seine." Sie zwinkerte ihrer Freundin zu, die nun trotz des steilen Anstiegs lachen musste.

Fynn wurde unsicher. Sein Auftritt war mal wieder danebengegangen. Er sah zur Seite, tat so, als würde er einen Kaugummi kauen. Eine peinliche Stille entstand. Das mit den fünf Euro konnte er vergessen. Er brauchte eine andere Quelle. War vielleicht auch besser so.

Er hob die Hand: „Macht's gut. Bis später, im Sozialkundekurs."

„Fynn ist definitiv die Oberpfeife", urteilte Nadine, als er außer Sichtweite war.

„Vielleicht ist er ja ganz nett", erwiderte Lena. „Er sieht eigentlich nicht einmal so übel aus. Aber ich muss zugeben, dass er an der Kletterwand eindeutig lässiger wirkt als gerade eben, wenn er sich unterhalten will."

In ein paar Minuten fing die Schule an. Fynn lungerte am Fahrradständer herum. Von allen Seiten strömten

Schüler heran. Auch jüngere als Fynn, schwächere. Fynn hatte einen kleinen, miesen, feigen Plan. Der war seine letzte Chance.

Gerade war Toto auf seinem Leichtkraftrad herangebraust. Er hatte den Helm abgenommen und war sofort auf Fynn zugesteuert, bevor dieser fliehen konnte. Zum Glück war in diesem Moment ein Lehrer vorbeigeschlendert und hatte Toto etwas gefragt, woraufhin Toto mit dem Lehrer in Richtung Schule gelaufen war. Kurz hatte er sich umgedreht und Fynn spielerisch die Faust gezeigt. Fynn hatte verstanden.

Am Fahrradständer wurde es allmählich ruhiger. Die letzten Schüler hetzten heran, schlossen ihre Räder ab und flitzten in das Schulgebäude. Fynn blieb allein zurück.

Der Gong, der zur ersten Stunde läutete, tönte blechern über den Schulhof. Fynn hatte zu lange gewartet und seine letzte Chance vermasselt. Ein paarmal hatte sich eine günstige Gelegenheit geboten, doch Fynn hatte kurz gezögert, und dann waren schon wieder andere Schüler aufgetaucht. Er starrte in die Wolken. Was jetzt?

Da! Ein jüngerer Schüler radelte tief über den Lenker gebeugt heran. Fynns Augen verengten sich. Der Kleine mochte etwa elf Jahre alt sein. Fynn kannte ihn nicht. Der Junge sprang von seinem Rad und wollte an Fynn vorbeilaufen.

Fynn packte ihn am Arm. „Stopp!"

„Lass mich los, ich bin sowieso schon zu spät", rief der Kleine.

„Dann kommt es jetzt auch nicht mehr drauf an", sagte Fynn. Seine Stimme klang merkwürdig schrill.

Der Junge schlug auf Fynns Arm. „Lass mich los, verdammt noch mal, sonst krieg ich echt Ärger! Ich habe Mathe bei der blöden Theisen. Die gibt mir einen Eintrag. Und davon habe ich schon eine ganze Menge. Was willst du überhaupt von –"

„Hast du Geld? Los, rück es raus!", unterbrach ihn Fynn. Er versuchte ruhig zu wirken. Konnte man sie von der Schule aus sehen? Nein, er glaubte es eigentlich nicht. Aber er durfte nicht so viel Zeit verlieren.

„Mach schnell!"

Das Kind sah ihn ungläubig an: „Du willst mich abziehen? Bist du bekloppt?"

Fynn schloss für einen kurzen Moment die Augen. Konnte er nicht mal ein Kind einschüchtern? Plötzlich schoss seine Hand vor und er gab er dem Jungen eine Ohrfeige. „Wird's bald?"

Der Kleine kniff die Lippen zusammen. Seine Wange färbte sich rot. Fynn sah, dass ihm zum Heulen zumute war.

Kleiner, mieser, feiger Plan.

Aber der Junge weinte nicht. Er zog unter seinem Hemd einen Brustbeutel hervor, aus blauem Stoff und mit einem Pokémon verziert.

Fynn riss dem Jungen den Geldbeutel aus der Hand. Ein Fünfeuroschein und einige Münzen. Fynn nahm den Schein und gab das Portemonnaie zurück, dann beugte er sich schnell zu dem Kind hinunter: „Kein Wort zu irgendjemandem, haben wir uns verstanden?" Fynn hasste sich selbst für diese Worte. Zu sehr erinnerten sie ihn an Toto.

Der Junge nickte.

„Und jetzt hau ab. Vergiss das hier am besten!", meinte Fynn. Er ließ das Kind los.

Der Kleine rannte in Richtung Schule. Auf halber Strecke blieb er stehen und drehte sich noch einmal um. Er starrte Fynn an.

Fynn wurde unruhig: „Was ist? Hau ab, verflucht noch mal."

Der Junge blickte ihn weiter an. In seinen Augen lag eine Mischung aus Trotz und Wut.

Als Fynn einen Schritt auf ihn zu machte, verschwand der Kleine endlich.

25 Euro. Jetzt hatte er sie zusammen, er war aus dem Schneider. Es war doch eigentlich ganz einfach gewesen. Der Kleine würde sich nicht trauen, gegen ihn vorzugehen. Fynn fühlte sich sicher, er hatte ihn genug eingeschüchtert. Aber er spürte keine Erleichterung, sondern nur eine tiefe Leere.

„'tschuldigung", murmelte Fynn, als er an Thöne vorbei zu seinem Platz hastete.

Tobias Thöne war an der Schule sehr angesehen. Er hatte schon jede Menge gute Ideen in die Tat umgesetzt – vor allem wenn es darum ging, Konflikte zwischen den Schülern zu vermeiden und zu schlichten. Auf seine Initiative gingen unter anderem die Buslotsen zurück – Schüler, die in den oft überfüllten Bussen für Ruhe sorgten. Auch die Streitschlichter konnte der Lehrer auf seinem Konto verbuchen. Sie vermittelten bei Auseinandersetzungen auf dem Schulhof oder in den Klassenzimmern. Und er war es auch gewesen, der das Schülergericht ins Leben gerufen hatte. Mit dieser Einrichtung war Thönes Stern bundesweit aufgegangen. Zeitungen, Zeitschriften und sogar ein paar TV-Sender hatten über ihn und seine Projekte berichtet. Er war ein gefragter und gut dotierter Gast auf Symposien und publizierte regelmäßig in Fachzeitschriften Artikel über seine Erfahrungen mit dem Gericht.

Jetzt stand Thöne an der Tafel. Er hatte gerade begonnen, mit wenigen Kreidestrichen das deutsche Parteiensystem zu skizzieren. Der Lehrer registrierte Fynns spätes Erscheinen mit einem Kopfnicken. Dann fuhr er fort.

Leise ging Fynn zu seinem Platz – vorbei an Lena, Nadine, Toto, Jan und Micha, die ihn aber nicht weiter beachteten, sondern sich auf den Unterricht konzentrierten. Fynn kramte Block und Kuli hervor.

„Unsere Parteien?", fragte er leise seinen Tischnachbarn Thomas.

„Hm", kam es gedehnt zurück. „Das soll ein Organigramm oder so was sein."

Mechanisch begann Fynn, Thönes Zeichnung abzumalen, aber er war nicht bei der Sache. In diesem Moment ging die Tür erneut auf. Eine ältere Lehrerin und ein Junge traten ins Zimmer. Fynn erschrak. Das war der Kleine, den er abgezogen hatte!

„Entschuldigung, dass wir hier so reinplatzen, aber Björn ist vorhin von einem älteren Schüler geschlagen und beraubt worden", sagte die Lehrerin. Sie hatte Mühe, ihre Wut zu unterdrücken.

„Wir wissen nicht, in welche Klasse der Täter geht. Aber Björn hat gesehen, dass er in die Schule lief. Und wir werden so lange suchen, bis wir den Kerl gefunden haben. Notfalls laufen wir in jeden einzelnen Klassenraum."

Toto warf einen raschen, fragenden Blick auf Fynn. Der versuchte hinter Jan und Micha in Deckung zu gehen. Er machte sich so klein wie möglich. Sein Herz schlug ihm bis zum Hals.

Thöne fuhr Björn mit der Hand über den Kopf. „Gut, dass du dich deiner Lehrerin anvertraut hast."

„Ja, allerdings", schnaubte seine Kollegin. „Denn der Kerl hat Björn eingeschärft zu schweigen und ihm gedroht. Schau dich um, Björn, es wird dir nichts passieren: Ist der Täter in diesem Kurs?"

Björns Gesicht war wachsweiß. Er presste die Lippen fest aufeinander. Der Junge trat einen Schritt vor. Dann noch einen und noch einen. Bis er im Mittelgang stand. Jetzt konnte er alle 30 Plätze gut überblicken. Seine grauen, wachen Augen suchten.

Fynn fixierte die Tischplatte. Sein Puls raste, auf seiner Stirn stand kalter Schweiß.

Der Junge streckte die Hand aus. Sie zitterte. Er deutete auf Fynn. „Der da. Der war's!"

Fynn sah hoch. Alle Blicke waren auf ihn gerichtet. Eine endlose Minute verstrich, ohne dass jemand etwas sagte.

Die Lehrerin fasste sich als Erste: „Bist du dir sicher, Björn?"

„Klar, der Typ hat mich vorhin abgezogen", beharrte Björn. „Er hat mir einen Fünfeuroschein weggenommen. Und er hat mir eine geknallt."

Thomas sah Fynn ungläubig an. Dann brüllte er unvermittelt los: „Was bist denn du für ein Arschloch?"

Er schlug Fynn so fest vor die Schulter, dass er unsanft auf den Gang flog. Jemand schrie entsetzt auf, andere lachten.

„Halt!", rief Thöne. Er lief zu Fynn und half ihm auf. „So nicht! Und jetzt Ruhe!"

Thöne schob Fynn nach vorn zur Tafel. Augenblicklich kehrte gespannte Stille ein.

„Was hast du dazu zu sagen, Fynn? Stimmen die Anschuldigungen?", fragte er.

„Ich bin mir ganz sicher – der war's!", rief Björn noch einmal. Seine Wangen hatten wieder Farbe bekommen.

Thöne hob die Hand. „Okay, Björn, danke. Aber jetzt lass Fynn zu Wort kommen. Das ist nur fair."

Fynn nahm alles wie durch einen Schleier wahr. Björn hatte sich nicht einschüchtern lassen. Sollte Fynn sagen, dass er selbst ein Opfer war und eine Bande ihn zu der Tat gezwungen hatte? Doch niemand würde ihm glauben, wenn er seine Behauptung nicht beweisen konnte. Außerdem war es seine Entscheidung gewesen, einen anderen Schüler abzuziehen. Er hätte genauso gut selbst Anklage erheben können. Doch die Angst vor Toto und seinen Schlägern war einfach zu groß – und nun war es ohnehin zu spät.

„Was ist, Fynn? Hat es dir die Sprache verschlagen?", hakte Thöne nach. „Hast du Björn abgezogen oder nicht?"

Fynn nickte langsam. Ein lautes Stimmengewirr erhob sich.

„Wir sollten schnellstens die Eltern dieses Erpressers benachrichtigen", schlug Thönes Kollegin vor. „Und natürlich die Polizei."

Thöne wiegte den Kopf. „Wäre das nicht eher etwas für unser Schülergericht?" Er zog die Kollegin zur Seite, außer Hörweite der Schüler.

Vor Fynns Augen verschwamm alles. Wie aus weiter Ferne drang das Wort *Polizei* zu ihm durch und hallte in seinen Ohren wider.

Polizei. Polizei. Polizei.

Fynn schüttelte den Kopf und versuchte zu verstehen, was Thöne und die andere Lehrerin besprachen. Thöne sagte irgendetwas von wegen, dass er das Gefühl für Recht und Unrecht schärfen wolle. Die Lehrerin war leichter zu verstehen. Ihre Stimme klang gereizt: „Du weißt, dass ich dem Projekt kritisch gegenüberstehe. Und nicht nur ich. Diese Verhandlungen dürfen nicht dazu führen, dass die Taten bagatellisiert werden!"

„Genau das werden sie nicht. Die Schüler nehmen das Gericht sehr ernst und machen sich die Urteilsfindung nicht leicht. Fynn bekommt seine Strafe. Das verspreche ich dir." Auch Thöne sprach jetzt lauter und mit viel Nachdruck.

Aber die Kollegin war noch nicht überzeugt. „Das ist gar nicht das Problem, Tobias. Ich bin mir sicher, dass Fynn seine Strafe bekommt. Vielleicht fällt sie sogar etwas härter aus als vor einem ordentlichen Jugendgericht. Aber es geht mir nicht um zwei Stunden gemeinnützige Arbeit mehr oder weniger, sondern darum, dass sich Fynn der Schwere seiner Tat bewusst wird. In meinen Augen ist es doch etwas anderes, ob der Täter vor einem echten Gericht steht oder nur vor Mitschülern – womöglich noch vor Freunden. Da ist der Abschreckungseffekt des Schülergerichts wesentlich gerin–"

Thöne ließ sie nicht ausreden. Es war ihm deutlich anzumerken, wie aufgebracht er war. „Genau das Gegenteil ist der Fall, liebe Kollegin!", rief er aus. „Vor Leuten zu stehen, die sie kennen und mit denen sie Tag für Tag zusammenkommen, hat für die Schüler eine viel größere Bedeutung als irgendein anonymer Prozess. Und in diesem speziellen Fall wird sich das Gericht mit Sicherheit nicht aus lauter Freunden von Fynn zusammensetzen – er ist ein typischer Einzelgänger und hat kaum Kontakt zu seinen Mitschülern."

Nur widerwillig gab die Lehrerin nach: „Also gut, Tobias. Aber ich werde den Fall im Auge behalten." Dann wollte sie mit ihrem Schüler den Kurs verlassen.

Doch Björn sträubte sich: „Ich will erst noch mein Geld wiederhaben."

Fynn zog seinen Geldbeutel aus der Hosentasche und gab dem Jungen den Schein. Wieder wurde er von einigen Mitschülern beschimpft und Thöne konnte nur mit Mühe den Aufruhr unterbinden. Schnell schob er seine Kollegin und Björn aus dem Raum.

„Okay, hört mal her", rief Thöne. Dann erläuterte er dem Kurs seinen Plan mit dem Gericht. Alle waren einverstanden. Alle bis auf Fynn, dem schlagartig bewusst wurde, dass nun er im Mittelpunkt des öffentlichen Verfahrens stehen würde – als Angeklagter. Aber ihn fragte niemand. Thöne schickte ihn zu seinem Platz zurück.

„Gut", meinte der Lehrer. „Das Gericht verhandelt den Fall am kommenden Montag zur gewohnten Zeit am gewohnten Ort. Jetzt brauchen wir noch das – sagen wir mal – *Personal*."

„Ich würde gerne den Part des Staatsanwalts übernehmen", rief Micha sofort.

Thöne fragte, ob es noch andere Kandidaten gebe, aber niemand sonst zeigte Interesse.

„Und wer will diesmal das Amt des Richters antreten?", wollte er als Nächstes wissen.

Nadine meldete sich. Auch die Schöffen und der Gerichtsreporter waren schnell gefunden. Jan wollte über den Prozess einen Beitrag für die Schülerzeitung schreiben.

„Tja, und dann brauchen wir natürlich noch die Verteidigung", meinte Thöne.

Es wurde schlagartig ruhig.

„Ein anspruchsvolles Amt", lockte der Lehrer. „Vielleicht fühlen sich mal die berufen, die noch nie eine Funktion an unserem Gericht übernommen haben. Thomas, wie wär's?"

„Ne, das ist nichts für mich", winkte Thomas ab. Er warf einen vernichtenden Blick auf Fynn: „Und den verteidige ich schon gar nicht."

„Keine Anfeindungen, es reicht!", stoppte ihn Thöne. Er wandte sich an die anderen Schüler: „Kommt, ohne Verteidigung funktioniert kein Gericht. Wer meldet sich?"

Fynn schluckte. Niemand wollte ihn verteidigen. Andererseits war es doch völlig egal. Er hatte bei diesem Prozess sowieso keine faire Chance. Es würde keine normale Verhandlung werden, sie würden ihn fertigmachen. Er brauchte Micha nur anzusehen, der sich schon auf seinen Auftritt als Staatsanwalt freute. Micha würde leichtes Spiel haben bei einem Prozess, bei dem alles so klar auf der Hand lag – einen kleinen Jungen abzuziehen war absolut mies und feige. Fynn war sich sicher: Ein Schauprozess würde es werden, eine öffentliche Exekution.

„Wir können ja einen Pflichtverteidiger bestimmen", schlug jemand vor.

Thöne verzog das Gesicht: „Haben wir das wirklich nötig? Es wird doch einer von euch willens sein, diesen Job zu übernehmen, oder?"

Erneut entstand eine peinliche Stille.

„Ich mach's", ließ sich da eine Stimme vernehmen.

Fynn sah hoch. Lena! Das konnte doch nicht wahr sein. Ausgerechnet Lena.

Es wurde heftig getuschelt. Fynn entging nicht, dass Micha ziemlich ärgerlich aussah.

„Fein", freute sich der Lehrer. „Dann wäre unsere Besetzung komplett. Das Gericht kommt am Montag zusammen. Ich erwarte, dass sich jeder Funktionsträger exakt auf seine Aufgabe vorbereitet. Benutzt die einschlägige Literatur, recherchiert im Internet, auf geht's!"

In der großen Pause schlich Fynn auf den Schulhof. Wieder regnete es. Er spielte mit dem Gedanken, den Rest des Schultages blauzumachen. Nur weg von hier! Aber würde das nicht nach Flucht aussehen? Was es ja auch wäre!

Fynn lief in den Regen hinaus und stellte sich neben eine der nassen Bänke. Lena würde ihn also verteidigen. Warum tat sie das? Vielleicht, weil es sonst niemand tun wollte. Vermutlich reizte sie die schwere Aufgabe. Viel verlieren kann sie dabei nicht, dachte Fynn bitter.

Eine Gestalt löste sich aus dem Pulk derer, die unter dem Vordach der Schule Schutz gesucht hatten, und lief auf ihn zu. Toto. Wieder dachte Fynn eine Sekunde lang an Flucht. Aber er blieb, wo er war. Toto musste klar sein, dass er die 25 Euro nicht hatte!

„Wieso stehst du hier draußen im Regen, du Idiot?", fuhr ihn Toto an. Er hatte den Kragen seiner Jeansjacke hochgeschlagen.

Fynn sah an ihm vorbei. Der Regen war mild. Feine, feuchte Fäden.

„Wie konnte das passieren?", fragte Toto wütend. „Bist du noch nicht einmal in der Lage, ein Kind wie Björn einzuschüchtern?"

Nein, bin ich nicht, dachte Fynn. Und ich lege darauf auch keinen Wert, wenn ich es mir recht überlege.

„Du hättest Björn so zusetzen müssen, dass ihm vor Angst die Stimme versagt. Mir wäre das nie passiert!"

Da hast du zweifellos recht, stimmte ihm Fynn in Gedanken zu. Anderen Angst machen ist deine große Stärke.

Totos Stimme wurde leise: „Pass auf, Fynn: Am Montag steigt dieses Laientheater, das sich Schülergericht nennt. Dabei wirst du keine Silbe über unsere Bande verlieren. Du wirst dich als Einzeltäter darstellen. Auch nur *ein* Wort über mich, Triple oder die anderen, und – du kannst dir vorstellen, was dann passiert, oder? Ich werde diesen Prozess genau verfolgen. Und mir wird nichts entgehen, verlass dich darauf."

Fynn nickte andeutungsweise. Die Nässe drang allmählich durch seine Jacke.

„Und? Hast du die 25 Euro?", fragte Toto.

Fynn gab ihm die 20, die er hatte.

„Zu wenig."

Fynn zuckte mit den Schultern. Er sah, dass noch jemand unter dem Vordach hervorkam. Dann erkannte er Lena, die hinter Totos Rücken auf sie zustrebte.

„30 Euro nächsten Freitag. Und keine Ausreden", sagte Toto.

Lena war jetzt ganz nah. Sie winkte und rief: „He, Fynn! Wir müssen noch etwas für den Prozess besprechen."

Fynn sah, wie Toto zusammenzuckte. Hastig ließ er den Geldschein in der Hosentasche verschwinden. Dann wandte er sich grußlos ab und ging einfach an Lena vorbei.

„Einen schönen Platz hast du dir ausgesucht", sagte Lena zu Fynn. In ihrer Stimme lag leichter Spott.

„Was hättest du denn getan?", erwiderte er. „Dich zu den anderen gesellt, als ob nichts gewesen wäre?"

„Ich weiß es nicht. Vielleicht hätte ich mich der Situation lieber gestellt. Aber du sonderst dich ohnehin gerne ab, oder?"

Fynn zog die Augenbrauen hoch. Wie meinte sie das? Er hätte gerne Freunde gehabt. Die Isolation, in der er sich befand, hatte er nie gesucht, sie hatte sich ergeben. Lange Zeit hatte Fynn sich gefragt, woran es wohl lag. Es war ihm schon immer schwergefallen, auf andere zuzugehen und locker ein Gespräch anzufangen. Und irgendwann hatten sich feste Cliquen gebildet und er hatte nirgends dazugehört. Und nun war es zu spät. Er hatte das Gefühl, dass die anderen ihn gar nicht richtig wahrnahmen.

„Wir müssen uns zusammensetzen, du und ich", wechselte Lena das Thema.

„Glaubst du, dass das etwas bringt?"

„Sonst hätte ich es nicht vorgeschlagen", entgegnete Lena kühl. „Aber wir können es auch bleiben lassen, wenn du meinst."

„Gut, lass es uns probieren", lenkte Fynn ein. Noch gestern hätte er viel dafür gegeben, sich mit Lena allein zu treffen. Aber jetzt, unter diesen Vorzeichen, war das etwas anderes.

„Viel Zeit bleibt uns nicht. Wie wäre es mit morgen?", schlug Lena vor.

„Ja, klar." Fynn hatte am Samstag keine Pläne – außer dem obligatorischen Training an der Wand. „Welche Uhrzeit?"

„Mal sehen. Irgendwann am Nachmittag. Ich rufe dich an", sagte sie. „Gib mir doch mal deine Telefonnummer."

Fynn fand in seiner Jackentasche einen Kugelschreiber und schrieb Lena seine Handynummer auf.

„Okay, ich melde mich. Und jetzt wird mir kalt. Bis morgen." Lena ließ Fynn im Regen zurück.

Triple fürchtete Fynns Aussage vor dem Gericht nicht im Geringsten. Auch wenn sich Fynn wirklich dazu durchringen sollte, Toto und Triple anzuklagen, so hätte er keinerlei Beweise. Aber Fynn würde diesen Schritt nicht wagen. Er hatte viel zu viel Angst. Seit zwei Jahren tat er alles, was man ihm sagte. So würde es auch diesmal sein. Vielleicht sollte man ihn daran noch einmal mit einem gewissen Nachdruck erinnern. Toto konnte das erledigen.

Interessanter als die Frage, ob Fynn auspacken würde oder nicht, fand Triple die Zusammensetzung des Gerichts. Vor allem war Triple auf das Duell zwischen Staatsanwalt und Verteidigerin gespannt. Das war höchst aufschlussreich. Mal sehen, wie gut die Beziehung der beiden wirklich war – das würde sich am Montag herausstellen. Diese Kraftprobe würde öffentlich ausgetragen werden, vor vielen neugierigen Augen. Und einer würde den Kürzeren ziehen.

Lena hatte das schwerere Amt, das war klar. Aber auf der Anklägerseite durfte man sich nicht zu sicher fühlen.

Darin besteht die Gefahr, dachte Triple. Dass man eine Aufgabe auf die leichte Schulter nimmt und kalt erwischt wird. Denn Lena hat durch ihre schlechtere Ausgangsposition nichts zu verlieren, sie kann nur gewinnen. Zudem ist sie ehrgeizig. Sie kann verbissen fighten, wenn sie gefordert wird.

5. Nachdenklich ging Lena zurück. Toto hatte einen Geldschein verschwinden lassen. Etwas zu hastig für ihren Geschmack. Als habe er etwas zu verbergen. Vermutlich hatte er ihn von Fynn bekommen.

Warum gab Fynn Toto Geld? Welche Beziehung bestand zwischen den beiden? Freunde waren sie garantiert nicht. Lena nahm sich vor, Fynn das am Samstag zu fragen. Und noch einiges mehr. Die Tat passte nicht zu ihm. Deshalb hatte sie sich vorhin auch als Verteidigerin gemeldet. Sie hatte das unbestimmte Gefühl, dass mehr dahintersteckte und dass Fynn etwas verbarg.

Lena schob sich an einem Pulk Schüler vorbei in die Cafeteria. Mit einer Tasse Tee setzte sie sich an einen freien Tisch. Sie musste sich eine Liste machen mit Fragen, die sie Fynn stellen wollte. Konnte sie sich irgendwo einen Kugelschreiber und ein Blatt Papier ausleihen? Ihr Blick wanderte durch die Cafeteria.

„Suchst du jemanden?"

Micha. Sie hatte ihn nicht kommen sehen. Plötzlich stand er vor ihr. Sie merkte sofort, dass Ärger in der Luft lag. Er setzte sich. Spielte mit dem Löffel in seiner Kaffeetasse. Dann sah er hoch und fixierte sie. „Warum?", fragte er schroff.

„Warum *was*?"

„Das weißt du ganz genau. Warum Fynn, warum verteidigst du ihn?"

„Die Tat passt irgendwie nicht zu ihm. Vielleicht steckt etwas dahinter. Mehr, als wir auf den ersten Blick denken. Ich weiß, das ist nur eine vage Vermutung … Außerdem hat jeder das Recht auf eine vernünftige Verteidigung. Auch Fynn. Vielleicht sogar gerade er."

„Sicher. Aber warum willst ausgerechnet du den Job machen, Lena?"

„Einer musste den Fall schließlich übernehmen", sagte Lena und hielt Michas wütendem Blick stand.

„Klar. Wie selbstlos von dir! Weißt du eigentlich, wie das aussieht?"

Lena beugte sich über den Tisch und zog die Augenbrauen hoch. „Nein, Micha, das weiß ich nicht. Und weißt du was? Es interessiert mich auch nicht, wie es aussieht."

Micha lehnte sich zurück, verschränkte die Arme hinter dem Kopf. „Wenn du jemanden wie Fynn verteidigst, kann das nur zwei Gründe haben. Grund Nummer eins: Du willst dich profilieren, indem du einen aussichtslosen Fall übernimmst und jemandem beispringst, dem niemand sonst helfen will. Ausgesprochen edel und gut. Dann zeigst du ordentlich deine Krallen und lässt dich, nachdem Fynn abgeurteilt wurde, auch noch feiern als jemand, der es wenigstens versucht hat."

Lena bemühte sich ruhig zu bleiben. Lass dich nicht provozieren, ermahnte sie sich.

„Suchst du Streit?", fragte sie.

„Nein. Ich wundere mich nur über dich." Er schlug einen versöhnlicheren Ton an. „Verstehst du denn nicht: Du machst uns beide damit lächerlich. Oder zumindest unglaubwürdig. Wir gehören doch zusammen, wir treten nach außen gemeinsam auf, als Team."

„Auftreten? Das klingt nach Theater. Wie das, was du hier gerade aufführst."

„Quatsch!", rief er laut. „Das ist kein Spiel, verdammt noch mal!"

Lena wusste, dass sie in diesem Moment gewonnen hatte. Er hatte die Fassung verloren. Sie stand auf, zog ihren Stuhl neben seinen, legte den Arm um seine Schultern und flüsterte ihm ins Ohr: „Du hast mir den zweiten Grund noch nicht genannt."

Micha drehte den Kopf weg und murmelte etwas vor sich hin.

„Komm, sag's mir", bat sie.

„Vergiss es!"

„Bist du eifersüchtig? Ist es das?"

Er schwieg weiter und Lena begann zu lachen. „Auf Fynn? Das ist doch nicht dein Ernst! Sei doch nicht so fürchterlich kindisch!"

„Aber warum versuchst du ihm dann zu helfen? Er hat ein Kind abgezogen!"

„Ach, Micha!" Sie nahm seine Hände und streichelte ihm über die einzelnen Finger. „Wir müssen das Gericht und unsere Beziehung voneinander trennen."

„Ich bezweifle, dass das funktioniert", warf er ein.

„Es wird klappen", sagte Lena mit sanfter Stimme. „Du musst nur ein bisschen souveräner werden, lockerer. Wenn wir diesen Prozess gemeinsam gut überstehen, wird es uns noch stärker machen."

Micha lenkte ein: „Aber niemand darf sein Gesicht verlieren."

Sie küsste ihn auf die Stirn. „Natürlich nicht. Gehen wir morgen eigentlich wieder ins *Atlantis*? Das hat mir letzte Woche super gefallen!"

„In die Disko?" Er war sichtlich überrascht von diesem abrupten Themenwechsel. „Klar, der Laden ist wirklich top. Wir können ja Nadine und Jan fragen, ob sie Lust haben mitzukommen."

Lena hatte noch nie jemanden kennengelernt, der Gegensätze so vereinte wie Micha. Er war einerseits stark, vielleicht sogar dominant. Auf der anderen Seite erlebte sie ihn oft unsicher. Wie gerade in der Cafeteria. Als jemanden, der fürchtete, die Menschen zu verlieren, die er dank seiner Kraft und Ausstrahlung um sich geschart hatte. Ihr selbst war dieses Gefühl fremd. Liebe war für sie kein Besitz und kein Prestige, das man mit allen Mitteln verteidigen musste.

Vor der Tür zum Klassenzimmer traf sie Nadine. Ihre Freundin strahlte.

„Wie machst du das, dass du immer so gut drauf bist?", fragte Lena.

Nadine tat überrascht: „Immer gut drauf? Du übertreibst. Aber was ist mit dir? Du siehst reichlich genervt aus."

„Micha. Er will nicht, dass ich Fynn verteidige."

„Das kann ich verstehen."

„Fängst du jetzt auch noch an?" Lena verdrehte die Augen.

„Nein. Aber es liegt doch auf der Hand, dass Micha sauer ist, wenn ausgerechnet du gegen ihn antrittst", meinte Nadine. „Außerdem ist Fynn eine Pfeife und ein mieser Abzieher. Du kannst bei diesem Prozess eigentlich nur verlieren."

„Warten wir es ab. Ich werde nicht so schnell aufgeben."

„Steigere dich da nicht hinein", warnte Nadine. „Fynn ist es nicht wert, dass du dich mit Micha streitest."

„Es geht nicht um Fynn." Lenas Stimme wurde schärfer.

„Dann geht es dir eben um das Gericht. Aber auch das ist es nicht wert." Nadine warf ihre Haare in den Nacken. „Was steht eigentlich morgen Abend auf dem Programm? Habt ihr schon Pläne?"

„Ja, das *Atlantis*. Wir wollten dich und Jan sowieso fragen, ob ihr mitkommt."

„Ich bin dabei. Und dann ist Jan auch mit am Start, wetten?"

„Bestimmt. Aber morgen Nachmittag muss ich mich noch auf diesen Prozess vorbereiten. Du sollst nicht so leichtes Spiel haben, Frau Richterin. Ich will dir die Entscheidung so schwer machen wie möglich."

„Nur zu. Aber auch ich werde mich natürlich vorbereiten. Doch das werde ich mit einem Lächeln im Gesicht tun und nicht so verbissen wie du."

6. Fynn schulterte den Rucksack mit seinen Sport-
sachen und schwang sich auf sein Mountainbike. In diesem Moment bog der Kombi seines Vaters in die Ein-
fahrt. Es war Samstag, halb drei, und sein Vater kam
aus dem Geschäft. Wie immer trug er noch den weißen
Kittel mit den vielen Schraubenziehern in der Brusttasche.

„Schon wieder zum Training?", fragte er, als er ausstieg.

„Logo."

„Ich hatte gehofft, dass du mir ein bisschen im Garten
hilfst, Fynn."

„Sorry, aber ich bin verabredet."

„So?"

Der Klang in der Stimme seines Vaters ärgerte Fynn.
Er schwieg.

„Ich dachte, du kletterst am liebsten allein", meinte
sein Vater jetzt.

„Tu ich auch. Da hält mich niemand auf."

„Und mit wem bist du dann verabredet?"

„Ich … es geht nicht ums Klettern", wich Fynn aus. Den ganzen Vormittag hatte er auf Lenas Anruf gewartet. Doch sie hatte sich nicht gemeldet, sie hatte ihn wohl vergessen. Einen Moment hatte er mit dem Gedanken gespielt, ihre Nummer aus dem Telefonbuch herauszusuchen. Aber sie selbst anzurufen, traute sich Fynn nicht.

Sein Vater setzte die Verschwörermiene auf, die Fynn nicht leiden konnte. „Ein Mädchen?"

„Nein." Fynn fuhr los. Wortfetzen wehten hinter ihm her.

Er meint es nicht böse, dachte Fynn. Sein Vater war eigentlich okay, aber trotzdem nervte er manchmal, denn er hatte eine ausgeprägte Gabe, den falschen Ton zu treffen.

Fynn trat kräftig in die Pedale. Als er sich umwandte, sah er, dass ihm sein Vater hinterherblickte. Sie sprachen nur noch selten miteinander. Vielleicht lag es daran, dass sie keine gemeinsamen Interessen mehr hatten.

Früher war das anders gewesen. Fynn hatte ganze Tage im Geschäft seines Vaters zugebracht. Als er vier Jahre alt war, hatte Fynn begonnen, diese wunderbare Welt seines Vaters zu erobern. Da war die Wand aus Fernsehgeräten, über zwei Meter hoch und gut zehn Meter breit. Auf Dutzenden von Mattscheiben liefen die verschiedensten Programme. Oder die Abteilungen mit den Hi-Fi-Anlagen. In einem separaten Raum konnten die Kunden unterschiedliche Boxensysteme testen. Wie oft hatte Fynn stundenlang dort gesessen und mit geschlossenen Augen der Musik gelauscht. Schließlich die Abteilung mit den Telefonen. Fynn hatte alle Klingeltöne ausprobiert, immer wieder und so lange, bis ihn ein Verkäufer gestoppt hatte.

Das Schönste aber war die Werkstatt gewesen. Hier hockte sein Vater in dem weißen Kittel im Schein einer grellen Lampe über die Einzelteile einer Maschine gebeugt, die ihren Geist aufgegeben hatte. Mit routinierten Handgriffen drehte, lötete, bastelte und schraubte er an den Geräten herum. Seine Hände verschwanden in einem Gewirr von Drähten, Kabeln, Röhren, Schaltern oder Platinen. Und immer gelang es ihm irgendwie, den Fernseher, das Radio oder das Telefon, das kaputt in seinen Händen lag, wieder zum Leben zu erwecken.

Diese Hände konnten Wunder bewirken, davon war Fynn früher überzeugt gewesen. Damals war Fynn sehr stolz auf seinen Vater.

Später, als sich andere Interessen in den Vordergrund schoben, hatte dieser Stolz einer gewissen Achtung Platz gemacht. Und die hatte sich bis heute gehalten. Immerhin, dieses Gefühl war ihm und seinem Vater geblieben – auch wenn sie sich nicht mehr viel zu sagen hatten.

Ted, der Besitzer des Fitnessstudios, begrüßte Fynn, indem er den Zeigefinger kurz an seine Baseballkappe hob. „Hey, was liegt heute an?", meinte er.

„Der Kamin."

Ted lachte. „Na dann viel Spaß!"

„Den werde ich haben."

„Du wirst eher Schmerzen haben. Ich wünsche dir jedenfalls viel Erfolg. Brauchst du irgendetwas?"

Fynn verneinte: „Ich habe alles dabei."

Ted gab ihm einen aufmunternden Klaps auf die Schulter. „Dann mal los!"

Fynn lief an ihm vorbei in die Umkleide. Ted war für ihn ein Glücksfall. Er war ein äußerst erfahrener Climber, extrem austrainiert und mental sehr stark. Fynn hatte viel von ihm gelernt – nicht nur an der Wand, sondern auch ein paar grundlegende Entspannungstechniken, die ihm halfen, selbst schwierigste Situationen am Fels zu meistern und nie in Panik zu geraten.

Zwischen den beiden war nie eine echte Freundschaft entstanden. Es war die Faszination des Kletterns, die sie verband, aber damit hörten ihre Gemeinsamkeiten auch auf. Dennoch vertraute Ted Fynn blind. Er hatte ihm sogar einen Schlüssel für das Studio gegeben, damit Fynn auch außerhalb der Öffnungszeiten trainieren konnte.

Fynn hatte sich umgezogen. Jetzt stand er vor der Wand und starrte hinauf. In keinen anderen Bereich des Studios investierte Ted so viel Zeit und Geld wie in die Kletterwand, die er ständig veränderte und ausbaute. Sie war unstrittig das Herzstück der Anlage. An der Wand gab es auch regelmäßig Wettkämpfe im Schnellklettern oder im Bouldern, dem komplizierten und ungesicherten Klettern an Felsbrocken.

Der Kletterpark war zehn Meter hoch und 20 Meter breit. Eine glatt und kalt wirkende Wand in Grau mit einer Unzahl von winzigen Tritten und Griffen, schroffen Überhängen, weiten Spalten und feinen Rissen ragte vor Fynn auf.

Rechts war der Kamin. Fynn legte seinen Rucksack dort ab und begann sich aufzuwärmen. Seine Füße schmerzten. Sie steckten in Schuhen, die Fynn wie alle routinierten Climber bewusst zwei Nummern zu klein gekauft hatte. Fynns Zehen waren in den Halbschuhen leicht nach oben gebogen, um die Kraft am effektivsten auf die Schuhspitze zu übertragen.

Der Schmerz würde vergehen, unwichtig werden. Während Fynn seine Beinmuskulatur dehnte, betrachtete er den Kamin. Dieser war unten schmal, er maß dort etwa 40 Zentimeter. Nach oben hin weitete er sich allmählich, bis er schließlich eine Breite von circa eineinhalb Metern erreichte.

Fynn lockerte die Muskulatur noch weitere zehn Minuten. Dabei achtete er auf eine ruhige, gleichmäßige Atmung. Jemand rief ihm etwas zu, aber Fynn beachtete ihn nicht. Er wurde völlig ruhig und entspannt. Seine schmerzenden Füße nahm er nicht mehr wahr.

Fynn stellte sich in den Kamin und drückte mit den Armen seinen Rücken an die gegenüberliegende Wand. Jetzt hatte er seinen Oberkörper regelrecht verkeilt und konnte die Beine ein wenig anziehen. Als Nächstes verklemmte er die Füße und Knie gegeneinander – sein Körpergewicht lastete nun auf den Beinen. Fynn schob seinen Oberkörper hinauf. Stück für Stück stemmte er sich nach oben. Der Schmerz stieg langsam in ihm auf. Fynn spürte ihn im Rücken, an den Knien, den Füßen und den Händen. Er entlastete immer wieder verschiedene Muskelgruppen und gönnte seinem Körper Entspannung – jedoch nie zu lang, um zu vermeiden, dass er durchsackte.

Fynn sah nach oben. Der Kamin weitete sich zusehends. Wie viele Meter waren es noch bis zur Spitze? Vier, fünf? Seine Kraft würde reichen, davon ging Fynn aus. Er spürte dieses leise Triumphgefühl, das er nie nach außen zeigte, sondern allein für sich genoss.

Weit unter ihm standen zwei Männer. Sie beobachteten ihn. Aus der Bar nahm Fynn ebenfalls Blicke wahr. Auch am Montag wird man mich anstarren, durchfuhr es ihn. Der Prozess. Wie sollte er den nur überstehen? Fynn rutschte ein Stück ab und biss die Zähne aufeinander. Er durfte sich nicht ablenken lassen. Doch so leicht ließ sich der Gedanke an Montag nicht ausblenden. Fynn fürchtete diesen Prozess, weil er das Problem nicht aus eigener Kraft überwinden konnte – so wie zum Beispiel diese Kletterwand. Vielleicht war es das, was Fynn derart am Climben faszinierte: dass er eine schwierige Aufgabe lösen konnte, ohne auf andere angewiesen zu sein. Eine Fähigkeit, die bei Fynn ebenso ausgeprägt wie unfreiwillig war und sich allein auf den Sport beschränkte.

Sollte er Thöne bitten, das Verfahren abzusetzen? Thöne wusste vermutlich, dass Fynn das Schülergericht durchaus schätzte und achtete – aber hier lag der Fall anders. Man würde ihm, dem Außenseiter, keine faire Chance geben. Konnte er das dem Lehrer klarmachen – oder würde Thöne glauben, dass sich Fynn nur drücken wollte? Egal, er würde ihn fragen. Er hatte nichts zu verlieren.

Seine Hände waren rutschig geworden. Der Griff in den Beutel, das weiße Pulver, krümelig, vertraut. Fynn kämpfte sich weiter vor. Doch er hatte den Rhythmus verloren, er war zu schnell, zu hektisch. Seine Muskeln brannten. Keuchend hielt Fynn inne. Er kontrollierte seine Atmung und wurde ruhiger.

Björn kam ihm in den Sinn. Fynn schämte sich für seine Tat und dafür, dass er überlegte, wie er den Prozess vermeiden konnte. Er dachte an sich, nicht an das Opfer. Auch bei diesem Verfahren bestand die Gefahr, dass es in erster Linie um die Bestrafung des Täters gehen würde und nicht um die Wiedergutmachung bei Björn. Fynn nahm sich vor, noch vor dem Prozess mit dem Jungen zu sprechen. Er könnte ihn in eine Eisdiele einladen oder so etwas. Und irgendwann würde er ihm vielleicht erklären können, warum er ihn überfallen hatte.

Er sah erneut nach oben und erkannte, dass er den Punkt erreicht hatte, an dem er die Technik ändern musste. Mit dem Verklemmen seines Körpers kam er nicht mehr weiter. Der Kamin war jetzt so breit, dass Fynn die Spreiztechnik anwendete. Dafür stemmte er die Füße rechts und links fast in der Grätsche an die Kaminwände. Die Arme hatte er waagerecht ausgestreckt und ebenfalls gegen den Kunstfels gepresst, um die Oberschenkel zu entlasten. Abwechselnd setzte Fynn einen Fuß oder eine Hand höher und arbeitete sich Stück für Stück vor. Er fand seinen Rhythmus wieder, seine Bewegungen wurden gleichmäßig und geschmeidig. Jemand aus der Bar winkte ihm zu. Fynn erkannte Ted und grinste. Er würde es schaffen. Er durfte jetzt nur nicht leichtsinnig werden. Schon oft hatte er Sportkletterer ins Seil stürzen sehen, die das Ziel unmittelbar vor Augen hatten.

Als Fynn auf der Plattform unter dem Hallendach ankam, sah er zu Ted hinunter, der ihm zunickte und den Daumen nach oben reckte.

Unten meldete sich Fynns Handy im Rucksack. Lena, das war bestimmt Lena! Und er hockte hier oben. Er musste rasch hinunter. Fynn hielt inne – er würde es ohnehin nicht mehr rechtzeitig schaffen. Er lauschte, bis das Klingeln verebbte, und seilte sich ab so schnell es ging.

Das Display seines Handys zeigte eine Nummer an, die er nicht kannte. Fynn wählte sie auf Verdacht und wartete. Er bemerkte, dass seine Hand zitterte, und überlegte, ob das vom Klettern kam.

„Hallo?", meldete sich eine Frauenstimme.

„Lena, bist du das?"

„Ja", kam es gedehnt zurück. „Und wer spricht dort?"

Fynn erklärte, warum er ihren Anruf gerade eben nicht hatte entgegennehmen können, und sie verabredeten sich in einer Stunde in der *Kaffeebohne*, einem kleinen Café in der Altstadt.

Kalt traf Fynn der Strahl der Dusche. Lena war am Telefon nett zu ihm gewesen, nicht übertrieben, aber freundlich. Und sie hatte zuversichtlich geklungen. Rechnete sie sich allen Ernstes etwas aus bei diesem Prozess? Solange sie nicht die Wahrheit über die Hintergründe kannte, war ihr Optimismus völlig unbegründet. Fynn begann zu frieren und stellte die Dusche warm ein. Wie weit konnte er sich Lena anvertrauen, ohne zu riskieren, dass Toto und seine Freunde ihn erneut zusammenschlugen?

Fynn schloss die Augen. Die Erinnerung stieg in ihm auf. Der Parkplatz vor dem Studio, die Schatten, die plötzlich auf ihn zustürmten, ihn packten und niederrissen. Die Tritte und Schläge, die auf ihn einprasselten wie ein Gewitter. Der Schmerz, der überall war. Fynn hatte Todesangst gehabt, ein Gefühl, das er bis dahin nicht gekannt hatte. Seitdem war die Angst sein ständiger Begleiter.

Aber Lena hat zuversichtlich geklungen, sagte er sich noch einmal. Und mit ihr war er vor Gericht wenigstens nicht allein.

In der *Kaffeebohne* herrschte das übliche Gedränge. Latino-Pop drang aus den Boxen. Fynn sah sich um. Lena war noch nicht da. Er fand einen freien Tisch, setzte sich und blockierte einen zweiten Stuhl mit seiner Sporttasche. Er bestellte einen Kaffee. Immer, wenn die Tür aufging, schaute er hoch.

Als Lena schließlich hereinkam, stellte Fynn erleichtert fest, dass sie allein war. Was hatte er erwartet? Dass sie Micha im Schlepptau hatte? Unsinn. Aber er wollte sie für sich haben, wenigstens dieses eine Mal.

Sie entdeckte ihn und winkte ihm zu. Ein junger Mann sprach sie an. Sie wechselte ein paar Worte mit ihm, schüttelte aber dann den Kopf und deutete auf Fynn. Der Mann sah in seine Richtung. Fynn deutete ein Lächeln an. Der andere verzog keine Miene.

Endlich war sie bei ihm. Fynn gab seiner Sporttasche einen Schubs.

„Hi, Fynn", sagte sie und zog aus ihrer Handtasche Block und Stift hervor.

Er sah, dass sie sich Fragen notiert hatte.

„Du hast dich vorbereitet?", fragte er.

„Natürlich. Und du? Warst wohl lieber beim Freeclimbing-Training?"

Sie will nicht gleich zum Thema kommen, dachte Fynn. Auch gut. Ich habe alle Zeit der Welt.

Die Kellnerin kam und Lena bestellte eine Cola.

„Ja, ich bin durch den Kamin geklettert."

Sie lachte. *„Kamin?"*

Fynn erklärte es ihr. Er achtete darauf, nicht zu sehr ins Detail zu gehen, um sie nicht zu langweilen. Erstaunt bemerkte er, dass sie ihm gespannt zuhörte. Offensichtlich interessierte sie sich für seinen Sport.

„Ich könnte das nie", sagte sie. „Ich bin nicht schwindelfrei. Umso mehr bewundere ich das, wirklich."

„Es ist eine Sache der Übung. Ich zeige es dir gern, wenn du magst."

„Ich weiß nicht. Mal sehen", wich sie aus.

Eine Pause entstand. Fynn ärgerte sich darüber, dass er so vorgeprescht war. Warum fiel es ihm nur so schwer, Grenzen rechtzeitig zu erkennen?

„Nein, ich glaube, ich bleibe lieber am Boden und schaue Cracks wie dir zu", brachte Lena das Gespräch wieder in Gang.

Fynn atmete auf.

Lena malte ein paar Vögel auf ihren Block.

„Die Sache mit Björn …", sagte sie schließlich. „Warum hast du das getan? Ich meine, die Tat passt irgendwie nicht zu dir."

Fynn lehnte sich auf seinem Stuhl zurück und sah zur Decke. „Ich habe Geld gebraucht", murmelte er.

„Was du nicht sagst!", meinte sie schnippisch. „Aber warum ziehst du deswegen gleich einen jüngeren Mitschüler ab?"

„Es war das Einfachste."

„So ein Quatsch! Einfacher wäre es gewesen, sich das Geld zu leihen. Bei deinen Eltern oder von Freunden."

„Meine Eltern hätten mir nichts gegeben. Und Freunde habe ich keine."

Lena wirkte mit einem Mal nachdenklich. „Warum hast du das Geld so dringend gebraucht?"

Fynn fühlte sich in die Enge getrieben. Er musste aufpassen, was er sagte.

„Hast du Schulden?", setzte sie nach.

Er nickte kaum merklich.

„Und die musstest du gestern begleichen, oder wie?"

Wieder ein Nicken.

„Schulden kann man stunden. Warum diese Eile? War eine Frist abgelaufen, war es vielleicht schon die letzte Frist? Standest du irgendwie unter Druck?"

Fynn griff mit zitternder Hand nach seiner Tasse und trank einen Schluck, um Zeit zu gewinnen. Er konnte nur noch eines denken: aufspringen und rausrennen. Er wollte weg von hier! Plötzlich spürte er ihre Hand auf seinem Unterarm.

„Fynn", sagte sie leise. „Du musst mit mir reden. Sonst haben wir am Montag keine Chance."

Er schwieg.

Ruckartig zog Lena die Hand zurück und packte Block und Stift ein. „Okay, dann gehe ich jetzt. Wenn wir nicht zusammenarbeiten, verschwende ich hier nur meine Zeit." Sie stand auf.

„Es gibt eine Frist. Jeden Freitag", sagte er kaum hörbar.

Lena setzte sich wieder. Sie sah Fynn direkt in die Augen. „Was ist das für eine Frist? Und wer setzt sie dir?"

„Ich … ich kann es dir nicht sagen."

„Du hast Angst. Vor wem?"

Fynn starrte auf die Tischplatte.

„Wirst du erpresst? Hast du Björn abgezogen, um die Frist einzuhalten? So war es doch, oder?"

Am liebsten hätte Fynn laut „Ja" gerufen, doch er schwieg.

„Ich habe gesehen, wie Toto einen Geldschein einsteckte, als er mit dir auf dem Schulhof sprach", fuhr Lena fort. „Ist es Toto, der dich erpresst?"

„Nein, Toto hat mit der Sache nichts zu tun", erwiderte Fynn schnell.

„Wer denn? Versteh doch, das ist wichtig, Fynn! Wenn wir vor Gericht darstellen können, dass du nicht nur Täter, sondern auch Opfer bist, stehen unsere Chancen ganz anders."

„Ich habe überhaupt keine Chance", meinte er. „Der Prozess ist doch nur dazu da, um mich vor aller Augen fertigzumachen!"

„Um dich fertigzumachen? Warum sitzen wir hier dann noch? Weißt du, was dein Problem ist, Fynn? Du gibst zu schnell auf!"

Sie versteht nichts, dachte er. „Mensch, Lena", sagte er lauter als beabsichtigt, „merkst du nicht, was da abläuft? Die werden mich vor dem gesamten Kurs auseinandernehmen. Für die anderen steht schon alles fest: Fynn, das ist doch der, der kleine Kinder abzieht … Ich werde mit Thöne sprechen, damit er diesen Prozess abbläst."

„Das wird er garantiert nicht tun. Du kannst dich nicht drücken."

„Es geht mir nicht darum, mich zu drücken. Ich habe nur keine Lust auf diesen Schauprozess."

„Du bist feige", meinte sie verächtlich.

„Das ist mir egal!", fuhr er auf. Einige Umstehende sahen zu ihnen herüber.

Fynn starrte wieder auf den Tisch und drehte seine Kaffeetasse hin und her. „Du hast recht. Ich werde erpresst." Jetzt war es raus. Gut so.

„Von wem?", fragte Lena noch einmal.

Er schüttelte den Kopf. „Ich kann dir die Namen nicht nennen."

„Sie bedrohen dich also", stellte sie fest.

„Es ist aber nicht so schlimm, ich schaffe das schon irgendwie."

„Tust du nicht. Sonst hättest du Björn nicht abgezogen. Das muss ein Ende haben, Fynn. Heute nimmst du einem kleinen Jungen ein paar Euro ab, und morgen? Das nennt man Beschaffungskriminalität!"

„Ich bin doch kein Junkie, Frau Rechtsanwältin!"

„Es kommt aufs Gleiche raus", beharrte sie. „Du begehst eine Straftat, um eine andere zu decken – oder zu finanzieren. Also: Für wen hast du Björn überfallen?"

Fynn bewunderte ihre Hartnäckigkeit. „Warum tust du das eigentlich, Lena? Du machst es doch nicht für mich. Was erwartest du dir von diesem Prozess?"

„Du bist jetzt der Dritte, der mich das fragt. Entweder du akzeptierst mich endlich als deine Verteidigerin, oder wir hören wirklich auf."

„Triple", entfuhr es Fynn. „Der Anführer heißt Triple." Er riskierte nicht viel, wenn er diesen Namen nannte. Triple hatte kein Gesicht.

„Was ist denn das für ein Name?", fragte Lena verwundert. „Das klingt wie eine Comicfigur. Und wer steckt dahinter?"

Fynn erzählte ihr, dass noch nie jemand Triple gesehen hatte.

„Dann könnte es ja auch eine Frau sein", schloss Lena daraus.

„Glaube ich nicht", erwiderte Fynn. „So brutal sind nur Männer."

„Unterschätz uns Frauen nicht", meinte Lena. „Was macht ihn oder sie so gefährlich?"

Fynn zögerte. Was machte er hier eigentlich? Er durfte gar nicht daran denken, was passieren würde, wenn Toto herausbekäme, dass er geredet hatte. Andererseits tat es so gut, endlich mit jemandem über alles sprechen zu können. Fynn überwand seine Angst. Er erklärte Lena die Bandenstruktur, berichtete von den Fäusten, von Triples Anrufen und seinen Aufträgen. Aber Totos Namen erwähnte er mit keiner Silbe.

Lena schrieb alles mit. Als Fynn geendet hatte, überflog sie ihre Notizen. „Das klingt alles einleuchtend. Aber vor Gericht wird es uns nichts nützen. Uns fehlen die Beweise und die Namen. Mit *Triple* kann niemand etwas anfangen. Du musst die anderen Namen nennen, Fynn!"

„Ausgeschlossen. Sie werden mich zusammenschlagen."

„Was ist die Alternative? Einmal pro Woche ein Kind überfallen?"

„Nein. Ich werde mir noch einen Nebenjob suchen. Und nach dem Abitur ist alles vorbei. Dann ziehe ich weg. Ich werde in einer anderen Stadt studieren, wo mich Triple nicht mehr finden kann."

„Du fliehst vor deinen Problemen. Außerdem sind es noch zwei Jahre bis zum Abi – das ist keine Lösung."

„Doch. Besser fliehen, als im Krankenhaus zu landen."

Lena grübelte: „Mit Sicherheit gibt es noch andere Abziehopfer außer dir. Vielleicht meldet sich jemand. Wenn dein Fall vor Gericht verhandelt wird, könnten wir den einen oder anderen ermutigen gegen die Bande auszusagen."

„Nein, das glaube ich nicht. Das wagt niemand."

„Abwarten. Aber vorerst ist es tatsächlich nur ein Wunsch", stimmte ihm Lena zu. „Also brauchen wir etwas Handfestes. Triple. Ihn müssten wir enttarnen. Dann zerfällt die ganze Bande."

„Ich kann dir nicht helfen", sagte Fynn leise.

„Okay. Dann muss ich es eben allein tun."

„Triple wird dich daran hindern."

„Das Risiko gehe ich ein." Lena ließ sich nicht beirren. „Was wissen wir über Triple, außer, dass wir nichts wissen?"

„Nichts, du sagst es", entgegnete Fynn. Er bestellte noch einen Kaffee. Lena brütete über ihren Aufzeichnungen.

„Triple scheint sich in unserer Schule gut auszukennen", meinte sie. „Wie sonst lässt es sich erklären, dass er bestimmte Schüler herausgefunden hat, die sich für eine Erpressung eignen? Schüler wie dich. Er muss sie beobachtet haben oder sie kennen."

Fynn zog die Augenbrauen hoch. Der Gedanke war gut.

„Nehmen wir mal an", fuhr Lena fort, „dass Triple eine Art Insider ist – wo sitzt er dann?"

„Vermutlich direkt in der Schule", beteiligte sich Fynn an dem Puzzle. „Also handelt es sich um einen Mitschüler."

„Denkbar. Es gibt aber noch eine andere Möglichkeit." Fynn blickte sie fragend an.

„Es könnte auch ein Lehrer sein. Oder eine Lehrerin."

„Du spinnst."

„Nein. Die Lehrer haben auch einen guten Überblick über die Schüler, oder etwa nicht? Manche Lehrer wissen doch genau, was alles abläuft."

Fynn dachte darüber nach. Dann sagte er lachend: „So gesehen könnte Thöne Triple sein. Er kennt sich mit den sozialen Strukturen bestens aus. Und er weiß, wer angreifbar ist."

Lena sah Fynn überrascht an. Sie lachte nicht.

7.

Lena saß zu Hause an ihrem Schreibtisch und blickte aus dem Fenster. Es nieselte.

Thöne als Triple. Die Vorstellung war abwegig, Fynn hatte wohl recht. Aber zugleich faszinierte der Gedanke sie auch. Warum?, fragte sie sich. Nur, weil er so ungeheuerlich schien?

Sie verwarf das Thema und dachte an Fynn. Er hatte sie gefragt, ob sie mit ihm heute Abend ins Kino gehen wollte. Es war unübersehbar gewesen, wie schwer ihm diese Frage gefallen war. Als Lena ihm von ihrer Verabredung mit Micha, Jan und Nadine erzählt hatte, war Fynn enttäuscht gewesen. Einen Moment lang hatte Lena mit dem Gedanken gespielt, Fynn einfach mitzunehmen. Aber das wäre schiefgegangen. Zum einen hätte das Micha überhaupt nicht gepasst, zum anderen wäre Fynn das fünfte Rad am Wagen gewesen.

Lena stand auf, wanderte durch ihr Zimmer und versuchte sich auf den Prozess zu konzentrieren. Sie musste Triples Identität aufdecken. Wie konnte sie erreichen, dass Fynn wenigstens *einen* Namen preisgab? Vielleicht würden sie über dieses Bandenmitglied an den großen Unbekannten herankommen.

Der große Unbekannte. Das klang wie in einem schlechten Film. Und wenn sich Fynn die ganze Geschichte nur ausgedacht hatte, um Mitleid zu erregen und sich aus der Sache herauszureden? Nein, sie war seine Verteidigerin und musste ihm vertrauen. Aber umgekehrt vertraute sich Fynn ihr nicht an – zumindest nicht hundertprozentig. Er verschwieg die Namen der anderen, der wahren Täter. Es musste ihr gelingen, Fynn die Angst zu nehmen.

Fynn war auch ein Opfer. Das galt es vor Gericht zu nutzen, das war ihre Chance. Würden für Fynn dann mildernde Umstände gelten? Vermutlich. Das brauchte sie schwarz auf weiß – am besten sofort. Nadine konnte ihr helfen. Bei ihr zu Hause standen ganze Regale voll von juristischen Fachbüchern. Und vielleicht würde ihr auch Nadines Vater, der ein bekannter Rechtsanwalt war, einen Tipp geben.

Lena warf einen Blick auf die Uhr. Gleich sechs. Um acht wollte sie bei Micha sein. Sie musste sich auch noch umziehen. Das würde zeitlich eng werden. Aber es konnte klappen, wenn sie sich beeilte.

Sie lief zum Telefon und rief Nadine an. Die Freundin war einverstanden, dass sie in einer Stunde vorbeikam. Lena duschte sich schnell, schminkte sich und zog eine Jeans im 70er-Jahre-Stil und ein bauchfreies Top an.

„Fährst du mich zu Nadine?", fragte sie ihren Vater, der im Wohnzimmer vor dem Fernseher saß.

„Das ist schlecht. Gleich fängt die Sportschau an. He, wie siehst du denn aus?"

„Wieso?", fragte sie misstrauisch.

Er setzte seine Brille auf.

„Du siehst einfach toll aus", sagte er und grinste über das ganze Gesicht.

Sie gab ihm einen Kuss auf die Stirn. „Bitte, Papa – fährst du mich?"

Er nickte und schwang sich aus dem Sessel.

„Du hast deine Möbel ja schon wieder umgestellt", staunte Lena, als sie in Nadines Wohnung stand.

Die Freundin bewohnte die komplette obere Etage im Haus ihrer Eltern. Sie hatte zwei große Zimmer und ein Bad ganz für sich allein. Nadines Eltern hielten nichts von den Münchenplänen ihres einzigen Kindes. Ihr Vater und ihre Mutter, eine erfolgreiche Sängerin mit einem kleinen Tonstudio im Keller, fürchteten die Leere und Stille in dem großen Haus. Sie hofften, dass Nadine es sich noch einmal überlegte. Dafür hatten sie ihr die Wohnung eingerichtet – quasi als kleinen Bestechungsversuch.

„Ja, aber irgendwie bin ich nicht ganz damit zufrieden." Nadine führte ihre Freundin in ihr Wohn- und Arbeitszimmer. Es wirkte aufgeräumt und nüchtern – eigentlich gar nicht wie das Zimmer einer 17-Jährigen.

Lena entdeckte mehrere großformatige Porträtaufnahmen von Nadine an den Wänden.

„Die sind neu", stellte sie fest. „Wirklich klasse."

„Hat Jan gemacht", sagte Nadine. „Er kann nicht nur schreiben, sondern auch toll fotografieren. Bestimmt wird er mal ein guter Journalist."

Lena sah sich die Bilder in Ruhe an.

Nadine ist sehr fotogen, dachte sie, mit den leicht gewellten dunkelblonden Haaren und den hohen Wangenknochen in ihrem schmalen Gesicht. Neben dem Bücherbord hing eine Collage mit vielen Farbaufnahmen, die nicht nur Nadine zeigten. Die Fotos waren kreuz und quer angeordnet. Lena erkannte, dass die Bilder während der letzten Stufenfete gemacht worden waren. Die meisten ihrer Mitschüler waren zu sehen und auch Thöne. Dann fiel Lenas Blick auf den laufenden Computer.

„Du arbeitest?", fragte sie.

„Ja. Der Prozess. Ich muss mich ja schließlich auch in das Thema einarbeiten. Mein Vater hat zum Glück dieses juristische Informationssystem *Juris* im Internet abonniert. Nicht ganz billig, aber eine wahre Fundgrube auch für Laien wie mich." Nadine machte eine kleine Pause, um dann zu ergänzen: „Obwohl ich mich manchmal frage, ob wir das Ganze nicht zu ernst nehmen. Es ist Samstag, alle machen Party und wir sitzen hier und arbeiten. Das ist doch ein bisschen bekloppt, oder?"

„Ich würde es eher konsequent nennen. Wenn wir uns schon für die Rollen von Richterin und Anwältin melden, müssen wir uns auch entsprechend vorbereiten."

„Oder wappnen. Gegen Angriffe. Meinst du das?", fragte Nadine nach.

Lena zögerte einen Moment. Dann erwiderte sie: „Vielleicht auch das. Ich will mich jedenfalls nicht blamieren. Einige im Kurs warten bestimmt nur darauf, dass wir uns eine Blöße geben."

„Dann nehmen wir diesen Prozess alle zu ernst. Es ist doch eigentlich nur eine Art Rollenspiel."

„Nein", widersprach Lena. „Es ist mehr als das. Fynns Tat war kein Spiel. Sie war real. Auch die Strafe wird real sein – und die Wiedergutmachung."

Nadine zuckte nur mit den Schultern.

Lena ging zu Nadines Bücherregal, das mit juristischer Fachliteratur vollgestopft war, die ihr Vater aus Platzmangel ausquartiert hatte. „Finde ich hier das Strafgesetzbuch oder muss ich deinen Daddy anhauen?"

„Nein, es muss da irgendwo stehen. Was suchst du denn?"

Lena lachte: „Lass dich beim Prozess überraschen!"

„Okay", gab Nadine zurück. Sie setzte sich vor den PC. „Du bekommst die Bücher, ich den Computer. Wir können ja eine Zeit ausmachen, bis wann wir fertig sein wollen. Jan und Micha warten um acht auf uns."

„Weiß ich doch. Also sagen wir halb acht?"

Nadine war einverstanden. Lena überflog die Buchrücken in dem Regal. Auch hier standen kleine, gerahmte Aufnahmen von Nadine. Hinter einem Strandfoto, das Nadine als kleines Mädchen mit überdimensionalem Strohhut zeigte, wurde Lena fündig. Sie zog das Strafgesetzbuch heraus, ließ sich auf die schwarze Ledercouch sinken und begann zu blättern.

Lena beschloss, dass sie zweigleisig fahren würde. Zum einen musste sie herausfinden, mit welcher Anklage Fynn zu rechnen hatte, zum anderen brauchte sie darauf aufbauend eine Strategie, wie sie Fynn verteidigen konnte.

Okay, mit der Anklage würde sie anfangen. Möglicherweise handelte es sich um eine Art von Erpressung. Das Gesetzbuch hatte hinten ein Sachverzeichnis. Sie fand das Stichwort *Erpressung* und schlug die angegebene Seite auf. Unter der Überschrift *Zwanzigster Abschnitt. Raub und Erpressung* fand sie gleich mehrere Paragrafen. Nummer 255 schien am ehesten auf Fynns Tat zuzutreffen:

Räuberische Erpressung. Wird die Erpressung durch Gewalt gegen eine Person oder unter Anwendung von Drohungen mit gegenwärtiger Gefahr für Leib oder Leben begangen, so ist der Täter gleich einem Räuber zu bestrafen.

Lena machte sich Notizen. Zweifellos hatte Fynn den Jungen bedroht. Aber nicht nur das – er hatte ihn auch geschlagen. War eine Ohrfeige bereits Körperverletzung? Vermutlich schon. Auch das blätterte sie nach. In dem Abschnitt *Straftaten gegen die körperliche Unversehrtheit* fand sie die Antwort. Aus Paragraf 223 ging hervor, dass die Misshandlung einer anderen Person mit einer Freiheitsstrafe von bis zu fünf Jahren oder einer Geldstrafe geahndet werden kann.

Lena überlief ein kalter Schauer, als sie das las. Fynn konnte von Glück reden, dass er vor einem Schülergericht stand und Björns Eltern nicht die Polizei eingeschaltet hatten. Aber auch das Schülergericht würde mit Sicherheit eine relativ harte Strafe aussprechen, dafür würde Micha bestimmt alles in seiner Macht Stehende tun. Er brütete jetzt bestimmt auch über diesem Fall. So, wie sie ihn kannte, würde er sich bestens auf seine Rolle vorbereiten. Er war kein leichter Gegner.

Lena atmete tief durch und konzentrierte sich wieder auf ihre Aufgabe: Irgendwie musste es ihr gelingen, diese Anklage zu entschärfen. Die mildernden Umstände konnten der Schlüssel zum Erfolg sein. Aber was hieß hier *Erfolg*? War es ein Erfolg, wenn sie eine geringe Strafe für Fynn erreichte – oder wollte sie längst viel mehr, nämlich die Bande zerschlagen und einen Freispruch für Fynn herausholen?

Ja, gestand sie sich ein. Es ging nicht mehr allein um Fynn. Dennoch, jetzt musste sie sich vorrangig auf ihn konzentrieren. Dass er selbst erpresst wurde, wussten außer den Tätern nur Fynn und sie. Das war ein entscheidender Vorteil, den sie am Montag nutzen musste. Es war eine Überraschung, mit der sie die Anklage aus dem Konzept bringen konnte.

Die passende Textstelle zu den mildernden Umständen fand Lena unter Paragraf 46a. Demnach konnte das Gericht die Strafe mildern, wenn der Täter das Opfer ganz oder zum überwiegenden Teil entschädigte. Gut, darüber musste sie mit Fynn sprechen. Dazu wäre er sicherlich bereit, keine Frage. Nur: Wie sollte diese Entschädigung aussehen? Und was war mit dem Fakt, dass Fynn selbst Erpressungsopfer war? Wie konnte sie das verwerten? Darüber ließ das Buch sie im Unklaren. Lena stieß aber noch auf einen weiteren interessanten Punkt unter der Rubrik *Strafbemessung*.

„He, hast du gelesen, dass du als Richterin das Vorleben von Fynn berücksichtigen musst?", fragte sie ihre Freundin.

„Logo, Paragraf 46, *Grundsätze der Strafbemessung*", kam es wie aus der Pistole geschossen. „Und da Fynn noch keine Vorstrafen hat, wirkt sich das vielleicht positiv aus. Wie gesagt: *vielleicht*."

Lena nickte anerkennend. Dann vertiefte sie sich wieder in die Fachlektüre.

Weder Lena noch Nadine behielten die Uhr im Auge. Sie arbeiteten still und konzentriert. Um halb neun klingelte Lenas Handy. Sie schreckte hoch. Micha war dran.

„Wo bleibt ihr denn?", fragte er ungehalten.

Lena verzog das Gesicht. Micha war ein Pünktlichkeitsfanatiker.

„Sorry", sagte sie schnell. „Wir haben für den Prozess recherchiert und dabei total –"

„Kommt ihr jetzt oder nicht?", unterbrach Micha sie.

„Klar, wir beeilen uns."

„Jan und ich haben keinen Bock mehr, noch länger bei mir rumzusitzen. Wir gehen schon mal vor, was trinken – ins *Trance*. Von da können wir dann ins *Atlantis* fahren."

„In Ordnung, bis gleich." Lena beendete das Gespräch.

„Micha war schon leicht angesäuert", sagte sie schuldbewusst zu Nadine.

„Mach dir deswegen keinen Kopf. Wir beeilen uns jetzt ein bisschen, dann sind wir gleich fertig." Nadine fuhr den Computer herunter.

Lena schnappte sich das Strafgesetzbuch. „Darf ich mir das ausleihen?"

„Klar, bring's mir Montag mit in die Schule. Dann wirst du es ja nicht mehr brauchen, hoffe ich." Nadine war aufgestanden und ging ins Schlafzimmer. Sie zog sich ihren Pulli über den Kopf und warf ihn aufs Bett. „Ich muss mich noch in Schale schmeißen. Was ziehe ich nur an?"

„Soll ich dich beraten?", fragte Lena.

„Gute Idee."

„Ist das, juristisch gesehen, dann eine Art von Beihilfe?", lachte Lena.

„Ja, nur zu was?"

„Vielleicht zu grobem Unfug?"

„Was du redest, ist jedenfalls grober Unfug", gab Nadine lachend zurück.

Lena ließ ihren Blick über Nadines Garderobe gleiten. Sie zog ein hautenges, schwarzes Korsagenkleid hervor und stieß einen leisen Pfiff aus. „Der Fummel grenzt aber schon an Erregung öffentlichen Ärgernisses!"

Kurz nach halb zehn kamen sie im *Trance* an. Die Bar bestand aus jeder Menge Glas und noch mehr Metall. Theke, Tische, Stühle – alles glänzte im Licht der Neonstrahler silbern und kalt.

Micha und Jan saßen an der Theke. Lena sah sofort, dass Micha schon einiges getrunken haben musste.

„Na endlich", begrüßte er sie.

Sie entschuldigte sich für die Verspätung und wollte ihm einen Kuss geben, aber er drehte sich zur Seite. Jan war besser gelaunt. Er legte einen Arm um Nadine und rief zu Lena: „Wenn er den Kuss nicht will, dann gib ihn mir!"

Typisch Jan, dachte Lena. Hoffentlich ließ sich Micha von Jans guter Laune anstecken. Sie warf einen Blick auf Michas Bierdeckel und zählte sechs Striche. Das war ungewöhnlich viel für ihn. Micha trank selten Alkohol und vertrug entsprechend wenig.

„Und, was hast du Großartiges herausgefunden?", fragte Micha.

„Oh, jede Menge", erwiderte sie. „Zum Beispiel, dass Fynn –"

„Es wird dir nichts nützen", unterbrach er sie grob. „Die Fakten liegen auf der Hand. Ich war nämlich auch nicht untätig. Ich bin bestens vorbereitet. Und ich werde deinen Freund Fynn am Montag nach Strich und Faden zerlegen."

Lena hatte Mühe, sich zu beherrschen. Sie gab dem Kellner ein Zeichen und bestellte ein Glas Wein.

„Warum fragst du mich dann überhaupt, was ich herausgefunden habe? Die Antwort scheint dich nicht zu interessieren", sagte sie ruhig.

„Du hast recht. Es interessiert mich nicht. Mich interessiert nur, wieso du so viel Zeit für diesen Mist verschwendest und uns hier warten lässt."

Als der Wein kam, deutete Micha auf seinen Deckel und sagte zum Kellner: „Schreib es hier drauf."

„Danke", meinte Lena. „Wir haben nicht auf die Uhr geschaut. Es tut mir leid und ich habe mich entschuldigt. Was willst du noch, Micha? Lass uns einen schönen Abend verbringen, okay?"

Micha trank sein Glas leer.

„Schauen wir mal, was sich noch so alles ergibt", meinte er vieldeutig.

Da bin ich aber gespannt, dachte Lena bei sich. Sie beobachtete Jan und Nadine, die sich bestens zu verstehen schienen. Warum konnte es bei ihr und Micha nicht auch so unkompliziert sein? Warum musste sich Micha so aufregen? Gut, er mochte es nicht, wenn jemand unpünktlich war, aber diesmal reagierte er völlig überzogen. Lag es daran, dass er so viel getrunken hatte?

Nein, dachte sie, es ist etwas anderes. Es ist der Prozess. Micha schien allen Ernstes eifersüchtig auf Fynn zu sein. Oder vielmehr nahm er es ihr übel, dass sie Zeit für Fynn aufbrachte. Sie hatte gewagt, Micha zurückzustellen und sich zu verspäten, um sich auf Fynns Prozess zu konzentrieren. Und das konnte Micha wohl nicht ertragen. Ein Glück, dass er so leicht zu durchschauen war. Sie wusste damit umzugehen.

„Hast du gehört, was Jan gerade gesagt hat?", fragte sie Micha und lächelte ihn strahlend an.

„Hhm?"

„Das mit dem Kuss. Noch ist er für dich reserviert."

Micha sah sie an. Die Falten auf seiner Stirn glätteten sich. Er musste grinsen.

Lena küsste ihn und glaubte, dass sie mal wieder gewonnen hatte.

Gegen Mitternacht waren sie immer noch im *Trance*. Die Bar war inzwischen brechend voll. Technobässe dröhnten aus den Boxen. Jemand hatte ein paar Tische zur Seite geschoben. Einige Paare tanzten.

Micha war inzwischen reichlich angetrunken. Seine Laune schwankte – mal war er aufgekratzt und überdreht, dann wieder leicht aggressiv. Er legte jedes Wort auf die Goldwaage, etwa, als Lena ihn bat weniger zu trinken. Micha war an diesem Abend unberechenbar.

Nach zwei Gläsern Wein war Lena auf Mineralwasser umgestiegen, aber Micha und Jan blieben beim Bier. Lena fiel auf, dass die beiden mit Geld förmlich um sich warfen. Sie fragte sich einmal mehr, wie sie sich das leisten konnten. Micha bekam ein eher bescheidenes

Taschengeld und dann gab er noch Nachhilfeunterricht in Englisch. Aber das brachte ihm eigentlich auch nicht so viel ein …

„Was ist?", fragte Micha gereizt. „Worüber grübelst du jetzt schon wieder nach? Kannst du nicht endlich mal abschalten?"

„Es ist nichts", gab Lena rasch zurück und zog ihn auf die Tanzfläche.

Triple lief allein durch die nächtliche Altstadt. Es war drei Uhr. Die meisten Kneipen waren längst geschlossen. Nur vereinzelt waren noch Passanten unterwegs, deren Schritte in den leeren Straßen hallten.

Triples Ziel war die Fußgängerzone. Öde und verlassen breitete sich die Einkaufsmeile vor Triple aus. Rechts war ein Juweliergeschäft mit funkelnder Auslage und dem Hinweis Nachtdekoration. *Triple sah erst gar nicht hin. Zu gute Alarmanlagen, zu hohes Risiko. Auch an einer Modeboutique und einer Parfümerie ging Triple achtlos vorbei. Triple suchte etwas anderes – einen Laden, der zum einen nicht besonders gut gesichert war und zum anderen Artikel in der mittleren Preisklasse führte, die sich nach einem Einbruch gut verkaufen ließen.*

Ein Geschäft für Handys und andere Elektrogeräte tauchte auf. Es gehörte Fynns Vater. Ein Lächeln huschte über Triples Gesicht. Warum eigentlich nicht?

Hinter dem Laden zweigte eine Gasse ab, die zur Rückseite des Gebäudes führte. Triple lief die schlecht beleuchtete, enge Straße entlang, die offenbar für die Zulieferer gedacht war. Irgendwo schlug ein Hund an, und Triple drückte sich instinktiv in einen Hauseingang. Das Gekläff

verhallte. Triple ging weiter. Ein Hinterhof mit einer Dop-
pelgarage öffnete sich. Daneben war eine Rampe, die vor
einem Rolltor endete. Triple warf einen Blick über die
Schulter und untersuchte dann das Tor. Es war im Boden
mit zwei Ringschlössern verankert, die kaum Widerstand
leisten würden. Triple hielt inne. Eigentlich war es egal,
wie gut die Schlösser waren. Fynn hatte doch bestimmt ei-
nen Schlüssel für das Geschäft. Der Gedanke gefiel Triple.

8.

Fynn hatte den ganzen Sonntag über versucht Thöne telefonisch zu erreichen. Umsonst. Jetzt war es Montag, halb acht, und Fynn war bereits auf dem Weg zur Schule. Er bremste sein Fahrrad ab, setzte sich auf eine Bank und zog sein Handy hervor. Das war vermutlich seine letzte Chance. In der Schule konnte er Thöne schließlich auch nicht ansprechen, da war der Lehrer kaum einmal allein.

Fynn gab die Nummer ein.

„Thöne", meldete sich der Lehrer.

„Fynn hier. Ich muss dringend mit Ihnen sprechen."

„Hat das nicht Zeit bis nachher? Ich sitze gerade beim Frühstück." Thöne klang ungehalten.

„Nein, entschuldigen Sie bitte. Es ist wichtig."

„Ist es wegen des Prozesses?"

„Ja. Sie müssen ihn absagen!"

„Warum sollte ich das, Fynn?"

Fynn biss auf seiner Unterlippe herum. „Ich halte das nicht aus. Ich will das nicht. Sie können sich doch ausmalen, was passieren wird."

„Ja, man wird deine Tat diskutieren und von allen Seiten beleuchten. Und wir werden hoffentlich zu einer guten Lösung kommen."

„Eine gute Lösung? Wie soll die aussehen? Besteht die darin, dass ich vor allen Leuten fertiggemacht werde?"

„Aber nein. Du selbst warst doch oft genug bei den Prozessen dabei. Hast du jemals erlebt, dass jemand fertiggemacht wurde, wie du es ausdrückst?"

Fynn zögerte einen Moment. „Nein. Aber bei mir wird es so laufen. Ich habe sowieso keine Freunde. Da ist es leichter, auf mich einzuschlagen. Denken Sie doch nur mal an die Reaktion von Thomas!"

Nun war Thönes Verstimmung deutlich herauszuhören. „Unsinn. Wir werden deinen Fall wie alle anderen auch behandeln. Es geht darum, dass du merkst, was du da getan hast, und dich in das Opfer hineinversetzt. Wir wollen die Tat gemeinsam auf- und verarbeiten."

Thöne machte eine kurze Pause, bevor er fortfuhr: „Ehrlich gesagt finde ich es ziemlich schwach von dir, dass du dich jetzt vor der Verantwortung drücken willst."

„Nein, das will ich doch gar nicht", sagte Fynn schnell. „Ich … ich möchte ja eine Wiedergutmachung, aber ohne Publikum. Nur Björn und ich. Alles, bloß keinen öffentlichen Prozess."

Thöne lachte auf. „Wie stellst du dir das vor, Fynn? Meinst du vielleicht, du lädst den Kleinen auf ein Eis ein oder ins Kino, und das war's?"

Fynn fühlte sich ertappt. Er schwieg.

„Nein, das ist zu einfach", fuhr der Lehrer fort. „So billig kommst du bei einer solchen Tat nicht weg, Fynn. Das muss dir klar sein."

„Es geht mir nicht darum, billig wegzukommen",
wehrte sich Fynn. „Ich ... ich habe Angst vor den anderen. Verstehen Sie das nicht?"

„Björn hatte auch Angst vor dir", sagte Thöne ungerührt. „Und die hast du ausgenutzt. Keiner will dich
fertigmachen, sondern – ich wiederhole mich – uns geht
es darum, dass so etwas nicht wieder vorkommt. Und es
ist auch für Björn wichtig zu sehen, dass man sich wehren kann und soll. Verstehst du, wir wollen zusammen
eine Lösung finden."

Fynn schloss die Augen. *Wir* – dieser grässliche Plural!
Er hätte sich den Anruf sparen können.

„Hallo, bist du noch dran?", fragte Thöne.

„Ja."

„Kannst du das nicht nachvollziehen?"

Fynn gab keine Antwort. Er wusste, er hatte verloren.

„Tja, Fynn, der Prozess wird also auf jeden Fall statt-
finden. Und tu mir den Gefallen und mach bitte nicht
blau. Damit würdest du alles nur noch schlimmer machen. Außerdem wollte ich heute mit deinen Eltern sprechen."

„Bitte nicht!", rief Fynn.

„Ich bin eigentlich dazu verpflichtet."

„Dann machen Sie doch wenigstens hier eine Ausnahme."

„Na gut", lenkte Thöne ein.

„Danke", meinte Fynn leise. Plötzlich kam ihm ein
Gedanke. „Werden Sie auch über diesen Prozess in
einem dieser Fachmagazine berichten?"

Eine weitere Pause entstand. Hatte Fynn richtig geraten?

„Was spielt das für eine Rolle?", wich Thöne aus.

„Für mich tut es das."

„In diesen soziologischen Beiträgen werden grundsätzlich keine Namen der Beteiligten genannt. Es geht um Fallbeispiele. Alles bleibt völlig anonym. Du hast nichts zu befürchten."

„Also werden Sie darüber schreiben."

„Herrgott noch mal: Ja! Aber nicht in einem Magazin. Ich sammle die Fakten für ein Buch, das ich Ende des Jahres veröffentlichen will."

Fynn blieb noch einen Augenblick auf der Bank sitzen, nachdem das Gespräch beendet war. Der Lehrer würde ihn nicht schonen.

Thöne braucht den Prozess also für sein kluges Buch, dachte Fynn wütend. Wie viel würde Thöne der *Fall Fynn* wert sein? Eine Seite, womöglich ein ganzes Kapitel?

Vermutlich tat er dem Lehrer jetzt unrecht, korrigierte sich Fynn. Denn so gesehen wäre jeder Prozess vor dem Schülergericht eine Alibiveranstaltung gewesen. Fynn fragte sich, wie es kam, dass er das Schülergericht plötzlich mit völlig anderen Augen sah. Vielleicht war er doch einfach nur feige.

Diesem Vorwurf wollte sich Fynn nicht auch noch aussetzen. Er würde sich der Verhandlung stellen. Das Einzige, was ihm jetzt noch ein kleines bisschen half, war die Tatsache, dass er nicht ganz allein stand. Nach wie vor verstand Fynn nicht, warum Lena sich so engagierte. Gestern hatte sie ihn noch einmal angerufen, um mit ihm die Strategie für den Prozess durchzugehen. Er hatte ihr von seinem Versuch erzählt, sich mit Björn zu treffen, um sich zu entschuldigen. Aber Björns Eltern hatten ihn abgewiesen. Lena hatte das sehr bedauert. Dann hatte sie fast eine halbe Stunde lang auf ihn eingeredet und noch einmal versucht, Namen von Bandenmitgliedern herauszubekommen. Doch Fynn hatte nichts verraten – die Angst hatte wieder einmal gesiegt.

Hinzu kam eine neue Furcht – vor dem Nachmittag. Wie lange konnte der Prozess dauern? Eine Stunde?

Was ist schon eine Stunde, machte Fynn sich Mut. Er würde die Augen und Ohren verschließen und sie ihr Spiel spielen lassen. Und wenn sie mit ihm fertig waren, würde er irgendeinen sozialen Dienst antreten – oder wie auch immer die Strafe aussehen mochte.

Die Wiedergutmachung bei Björn war Fynn weitaus wichtiger. Doch das war seiner Meinung nach eine Sache zwischen dem Kleinen und ihm. Das musste er nicht öffentlich bekunden, auch wenn Lena darauf großen Wert legte. Auf jeden Fall würde er einen weiteren Versuch bei Björn unternehmen.

Fynn und Lena hatten sich sehr früh im Gerichtssaal verabredet. Lena hatte vermeiden wollen, dass Fynn an den Mitschülern vorbei nach vorn gehen musste. Jetzt saßen sie nebeneinander an ihrem Tisch. Dort hatte Lena ein paar Unterlagen ausgebreitet, die sie noch einmal durchblätterte. Fynn fixierte einen Punkt an der gegenüberliegenden Wand und versuchte an nichts zu denken. Er kapselte sich ab und zog sich in sein Schneckenhaus zurück – es war ein bisschen wie seine Vorbereitung zum Klettern, wenn er sich ganz auf sich konzentrierte und alles um sich herum vergaß.

„Bist du nervös?", hörte er Lena fragen.

Fynn schwieg. Er spürte, dass sie ihn eingehend musterte.

Lena seufzte leise und wandte sich wieder ihren Aufzeichnungen zu.

Als Nächste tauchte Nadine mit den beiden Schöffen auf. Lässig warf sie Lena eine Kusshand zu und setzte sich auf ihren Platz.

Schon strömten die ersten Zuschauer herein. Der Raum füllte sich nun rasch. Thöne erschien ebenso wie Micha, der sofort ihnen gegenüber seinen Platz als Staatsanwalt einnahm. Jan winkte seinen Freunden zu und setzte sich in die erste Reihe. Er hatte einen Notizblock dabei. Auch Toto war da und suchte sich einen Platz, von dem aus er Fynn gut im Blick hatte.

Zum Schluss kam Björn mit einigen Freunden. Einer von ihnen deutete auf Fynn und ließ eine herablassende Bemerkung fallen. Ein Stimmengewirr erhob sich. Fynn verspürte einen Stich. Er sah zu Björn hinüber, der seinen Blick trotzig erwiderte.

Als Nadine aufstand, kehrte sofort Ruhe ein.

„Fynn, wir verhandeln heute deine Strafsache wegen räuberischer Erpressung und Körperverletzung", sagte sie mit lauter Stimme.

„Heißt das nicht *abziehen*?", rief jemand dazwischen. Einige lachten.

Doch Nadine fuhr unbeirrt fort: „Die Anklage wird vertreten durch Michael, Fynns Verteidigung hat Lena übernommen." Sie schaute kurz auf ein Blatt Papier, das vor ihr lag. „Micha, die Anklageschrift, bitte." Nadine setzte sich wieder hin.

Micha nickte Nadine zu und erhob sich seinerseits. „Fynn wird Folgendes zur Last gelegt: Am Freitag, den 14. April, hat er am Fahrradständer unserer Schule gegen acht Uhr morgens Björn überfallen und Geld gefordert. Als Björn dieser Forderung nicht nachkam, schlug ihm Fynn ins Gesicht. Daraufhin gab Björn sein Portemonnaie heraus und Fynn entnahm fünf Euro. Im Anschluss daran wurde das Opfer vom Täter massiv eingeschüchtert mit dem Ziel, die Tat nicht anzuzeigen.“

„Mieses Schwein!“, brüllte ein Mädchen aus der Gruppe um Björn. Zustimmung wurde laut, vereinzelt wurde geklatscht. Fynn fühlte sich elend. Er registrierte, dass Micha schmunzelte.

Nadine fixierte das Mädchen und sagte scharf: „Das ist hier ein Schülergericht und kein Boxring. Ich lasse nur Anmerkungen zur Sache zu, aber keine Beleidigungen!“

„Red nicht so gestelzt daher!“, kam es zurück.

Nadine schlug mit der flachen Hand auf den Tisch. „Ruhe, verdammt noch mal!“

Gemurre war zu hören, aber auch Beifall. Als beides verebbt war, kehrte eine angespannte Stille ein.

Micha setzte seine Anklage fort: „Fynn wird daher wegen räuberischer Erpressung in Tateinheit mit Körperverletzung angeklagt. Es handelt sich um Vergehen gemäß den Paragrafen 255 und 223 Strafgesetzbuch.“

Eine Gänsehaut breitete sich über Fynns Rücken bis zu seinem Kopf aus. Ein perfekter Vortrag. Kalt und sicher, ohne einen einzigen Versprecher.

Nadine wandte sich an Fynn: „Willst du dich dazu äußern?“

Alle Blicke richteten sich auf den Angeklagten. Fynn suchte nach Worten. Er hatte sie sich zurechtgelegt in der langen, schlaflosen Nacht vor diesem Prozess und hatte geglaubt, sie nur abrufen zu müssen. Doch jetzt, da ihn jeder im Raum anstarrte, herrschte in seinem Kopf Leere. Vor allem Totos Blick war unerträglich.

Unter dem Tisch spürte er einen leichten Tritt von Lena und versuchte sich zusammenzureißen. Er dachte ans Freeclimbing und begann sich zu konzentrieren. Der Fels ragte steil und schroff vor ihm auf und er schien ihm fast unüberwindlich. Fynn streckte im Geiste eine Hand aus. Er spürte, dass er es schaffen konnte, wenn er daran glaubte.

„Möchtest du dich dazu äußern, Fynn?", fragte Nadine noch einmal.

„Ich … ich habe das nicht gewollt. Ich wurde dazu gezwungen, ich habe dringend Geld gebraucht", sagte er leise. „Und es tut mir wirklich leid. Außerdem –"

„Das glaubt dir kein Mensch!", schrie jemand von ganz hinten.

„Lasst ihn doch mal ausreden", meinte ein anderer.

Fynn wollte noch etwas ergänzen, aber Micha kam ihm zuvor. „Auch wenn wir hier keine Zwischenrufe wünschen, muss ich doch Folgendes sagen: Wieso kommt jetzt die große Einsicht? Warum hat er sich das nicht überlegt, *bevor* er Björn überfallen hat? Also in meinen Ohren klingt das ziemlich unglaubwürdig."

Micha lächelte, als er Beifall bekam. Die Beschimpfungen in Richtung Fynn nahmen zu.

Lena sprang auf. „Es reicht! Es darf nicht sein, dass Fynn vorverurteilt und hier öffentlich niedergemacht wird."

Doch niemand schenkte ihr Beachtung.

Niedermachen, das ist genau der richtige Ausdruck, dachte Fynn. Alles war noch weit schlimmer, als er erwartet hatte. Er wusste, dass er nicht beliebt war und keine Freunde hatte. Aber was er hier zu spüren bekam, war weit mehr als Desinteresse. Fynn hatte das Gefühl, dass es fast schon Hass war, was ihm entgegenschlug.

Nadine sorgte erneut für Ruhe. Dann wandte sie sich an Fynn: „Du sagtest gerade, dass du zu der Tat gezwungen wurdest. Kannst du das bitte erläutern."

Fynn schüttelte den Kopf.

„So steht diese Aussage völlig unbewiesen im Raum", stellte Nadine fest. „Vielleicht bringt ja der einzige Zeuge Licht in die Sache."

Sie rief Björn nach vorn. „Schildere uns bitte, wie sich die Tat abgespielt hat", forderte sie ihn auf.

Der Junge stellte den Vorfall ohne Schnörkel dar. Im Gegensatz zu Michas professioneller Rede setzten Fynn diese einfachen Sätze wirklich zu.

Als Björn fertig war, murmelte Fynn: „Es tut mir leid, ehrlich."

„Ach, halt doch die Klappe!", gab Björn zornig zurück.

„Keine Beschimpfungen", mahnte Nadine und fragte Björn: „Hat Fynn dir gegenüber etwas davon gesagt, dass er zu der Tat gezwungen wurde?"

Björn verneinte.

Nadine blickte in die Runde: „Hat noch jemand Fragen an den Zeugen?"

Da sich niemand meldete, schickte Nadine Björn auf seinen Platz zurück. Sie klopfte mit ihrem Stift auf den Tisch und überlegte einen Moment.

„Ich denke, wir können die Beweisaufnahme schlie-
ßen, wenn es keine weiteren Zeugen gibt", sagte sie
dann. „Kommen wir nun zu den Plädoyers. Micha,
willst du –"

„Halt!", unterbrach Lena sie. „Ich bin noch nicht zu
Wort gekommen."

„Gut, wir hören", sagte Nadine.

Lena räusperte sich. „Unstrittig ist wohl die Tat, die
Fynn begangen hat."

„Allerdings, da hast du recht", stimmte ihr Micha
höhnisch zu.

Lenas Augen wurden schmal. „Ich würde gerne mal
aussprechen, wenn das –"

„Warum denn? Was gibt es da noch schönzureden?",
kam es aus dem Publikum. Fynn erkannte, dass es Thomas war. „Der Kerl hat Björn abgezogen und jetzt ist er
dran. So einfach ist das!"

Wieder gab es Beifall.

„Das ist es eben nicht!", widersprach Lena. „So undifferenziert dürfen wir die Dinge nicht sehen."

„Was heißt hier *undifferenziert*? Willst du mich belei-
digen?", rief Thomas.

Lena hob beschwichtigend die Hände. „Nein, natürlich nicht. Ich will nur, dass wir sachlich bleiben." Mit
einem kurzen Blick auf Micha fuhr sie fort: „Nachdem
einige unsachliche Bemerkungen nicht gerade dazu bei-
tragen, dass Fynn einen fairen Prozess bekommt."

Micha sah Lena ungläubig an und Fynn merkte, wie
wütend er war.

„Zum einen weise ich darauf hin, dass Fynn versucht
hat, sich persönlich bei Björn zu entschuldigen", führte

Lena aus. „Er hat gestern bei ihm angerufen, wurde aber abgewiesen."

„Kein Wunder, das hätte ich auch gemacht!", kam es von den Zuschauern.

„Wie dem auch sei. Jedenfalls macht es deutlich, dass Fynn die Tat zutiefst bereut", fuhr Lena unbeirrt fort.

Thomas tippte sich an die Stirn: „Irrtum. Der will doch nur eine milde Strafe!"

Nadine schlug energisch auf den Tisch.

Lena warf ihr einen dankbaren Blick zu. „Und dann wäre da noch etwas: das Motiv. Welches Motiv hatte Fynn, als er Björn überfiel?" Sie machte eine Kunstpause und blickte sich im Saal um.

„Er wollte Geld abziehen, was denn sonst?", erwiderte Micha ärgerlich.

„Ja, aber wieso – das ist doch der springende Punkt! Fynn brauchte das Geld nicht für sich, er wollte damit Schulden begleichen", erklärte Lena. „Das hat er ja vorhin bereits angedeutet."

Fynn spürte, wie ihm heiß wurde. Toto ließ ihn nicht aus den Augen.

„Schulden als Motiv für einen Raub sind sicher nicht ungewöhnlich", warf Nadine ein. „Das lässt Fynns Tat aus meiner Sicht nicht weniger schlimm erscheinen."

„Da stimme ich dir zu", erwiderte Lena. „Aber Fynn hat Schulden, weil er selbst erpresst wird. Er ist nicht nur Täter, er ist auch Opfer. Und zwar von einer Bande, die hier an unserer Schule ihr Unwesen treibt." Lena ließ die Worte wirken. Im Saal herrschte nun Stille.

Micha blieb gelassen und hob überheblich eine Augenbraue. „Das klingt, sagen wir mal, etwas abenteuerlich.

Um nicht zu sagen: Ist das nicht eine reine Schutz-behauptung, um von der eigenen Tat abzulenken?"

„Nein", widersprach Lena. „Fynn wird von einer bru-talen Bande erpresst."

Erneut mischte sich Nadine ein: „Stimmt das, Fynn? Ist es so, wie Lena sagt?"

Fynn schwieg. Es war sowieso schon zu viel gesagt worden. Lena hatte sich das alles offensichtlich zu ein-fach vorgestellt.

„Es scheint, dass es dem armen Opfer die Sprache ver-schlagen hat", höhnte Micha. „Ein rücksichtsloser Täter als verschüchtertes Opfer, das glaubst du doch selbst nicht, Lena!"

Einige lachten.

„Lass deinen dämlichen Spott!", entfuhr es Lena. „Du wiegelst alle gegen Fynn auf. Das ist nicht fair!"

Auch dafür gab es Beifall, allerdings fiel er schwach aus.

„Dann bring Beweise für deine lächerliche Behaup-tung!", erwiderte Micha. „Denn als *unfair* würde ich eher bezeichnen, Mitleid für den Angeklagten zu erwe-cken. Wenn jemand Mitleid erwarten darf, dann ist es doch wohl Björn! Was ist nur in dich gefahren, Lena, dass du die Dinge so verdrehst?"

Lena legte Fynn demonstrativ eine Hand auf die Schulter. Ihr Gesicht war weiß vor Wut, als sie erwi-derte: „Mich ärgert, dass hier anscheinend jeder eine vorgefasste Meinung hat. Und dass jemand öffentlich fertiggemacht werden soll, ohne dass man die wahren Hintergründe kennt!"

„Das ist eine Unterstellung!", wehrte sich Micha.

„Ruhe! Es reicht!", ging Nadine dazwischen. „Wir müssen die Verhandlung unterbrechen, wenn das so weitergeht!"

Sie wandte sich an Lena: „Also, welche Beweise hast du für deine Behauptung? Möchtest du noch einen Zeugen benennen?"

Jetzt ist es so weit, jetzt ist alles vorbei, dachte Fynn.

„Nein. Ich habe derzeit keinen Zeugen dafür. Noch nicht", gab Lena zu.

„Na, toll!", platzte Micha heraus. „Was soll diese ganze Show dann?"

Doch so leicht ließ sich Lena nicht mundtot machen. „Es wird Zeugen geben, aber noch nicht jetzt. Fynn ist so massiv eingeschüchtert worden, dass er möglicherweise gar nicht aussagen wird. Also brauche ich zusätzlich Zeit, um weitere Zeugen ausfindig zu machen. Deshalb möchte ich an dieser Stelle alle, die auch Opfer dieser Bande geworden sind, aufrufen, gegen die Erpresser auszusagen."

Lena sah sich im Saal um. Doch wenn sie gedacht hatte, es würde sich spontan jemand melden, hatte sie sich getäuscht.

Fynn blickte Lena erstaunt an. Das hatten sie so nicht abgesprochen. *Er* wollte die Namen auf keinen Fall preisgeben.

Micha schüttelte den Kopf. „Was für ein Blödsinn! Da können wir ja lange warten. Fynn ist ein Einzeltäter. Es gibt keine Bande. Das ist eine ganz miese Nummer, die hier abgezogen wird."

Fynn merkte, dass Nadine ratlos war. Sie sah zu Thöne hinüber.

Der Lehrer verstand den Wink. Er kam nach vorn und schlug vor: „Lasst uns den Prozess vertagen. Vielleicht gab es tatsächlich zu wenig Zeit für die Vorbereitung. Die Verteidigung soll die Chance erhalten, ihre Behauptungen zu untermauern. Wir verschenken nichts, wenn wir uns in dieser Sache erneut zusammensetzen. Wie wäre es mit Donnerstag? Da habe ich keinen Unterricht und dieser Raum ist auch nicht anderweitig belegt, soviel ich weiß."

„Doch, wir verschenken sehr wohl etwas. Nämlich Zeit!", warf Micha ein. „Wir geben einer äußerst zweifelhaften Behauptung den Vorrang vor Fakten, die klar und deutlich auf dem Tisch liegen. Das kann doch nicht der Sinn dieses Schülergerichts sein."

„Dir wäre wohl ein Schnellgericht am liebsten", sagte Lena provozierend. „Aber jeder hat eine faire Chance verdient – auch Fynn."

„Darüber reden wir nachher", zischte Micha.

Nadine setzte die Verhandlung aus und vertagte sie auf Donnerstag. Es war unüberhörbar, dass die meisten Zuschauer nichts von dieser Entscheidung hielten. Auch Fynn war damit unglücklich. Er hatte gehofft, dass die Sache heute ausgestanden wäre. Aber nun gab es eine Fortsetzung.

„Warum das alles?", fragte er Lena draußen in der Aula. „Was soll das noch bringen?"

„Wir müssen kämpfen, Fynn", sagte sie aufgebracht. „Ich hoffe, dass du das bald kapierst. Denn wenn du weiter schweigst, siegt diese verdammte Bande. Willst du das?"

„Nein", gab er lahm zu.

„Na also. Du musst uns Namen nennen! Wenn du es heute nicht tust, dann vielleicht morgen oder übermorgen. Ich wollte Zeit gewinnen und die haben wir jetzt. Aber das alles macht natürlich nur Sinn, wenn du irgendwann zur Einsicht kommst."

„Ich werde keine Namen nennen."

Doch Lena ließ nicht locker. „Schlaf eine Nacht drüber. Dann sehen wir weiter", meinte sie.

Fynn wandte sich wortlos ab und ließ sie einfach stehen.

9

Lena sah Fynn nach, wie er auf die Tür zulief. Dort passte ihn Thomas ab und verstellte ihm den Weg. Es folgte ein kurzer, heftiger Disput. Thomas schubste Fynn, der nach hinten fiel. Lena rannte zur Tür, um ihm zu helfen, aber Fynn stand schon wieder. Schnell drängte er Thomas zur Seite, schlüpfte durch die Tür und verschwand im Treppenhaus aus Lenas Blickfeld.

Nachdenklich schlenderte Lena zu einem der Fenster, stellte ihre Tasche auf dem Fensterbrett ab und starrte auf den Schulhof hinaus. Was war das für ein Prozess geworden? Noch nie hatten sich die Emotionen so hochgeschaukelt wie dieses Mal. Sie fragte sich, ob sie richtig gehandelt hatte und welchen Anteil sie an der Eskalation gehabt hatte. Eines war klar: Außer ihr war niemand für die Verlängerung des Prozesses gewesen, nicht einmal Fynn selbst.

„Darf ich der Staranwältin noch ein paar Fragen stellen?"

Lena schreckte aus ihren Gedanken hoch. Jan stand neben ihr, fröhlich wie immer. Im Schlepptau hatte er

Micha. Es war unschwer auszumachen, wie *er* gelaunt war.

„Toll, Lena, eine echte Spitzenleistung!", ging Micha ohne Vorrede auf sie los. „Das war die größte Blamage deines Lebens!"

Doch sie zwang sich, ruhig zu bleiben. Sie kannte Micha. Er war verletzt, weil sie sich öffentlich gegen ihn gestellt hatte. Auf keinen Fall durfte sie sich jetzt provozieren lassen.

„Bitte, Micha, ich will keinen Stress", sagte sie ruhig. „Es ist nur ein Schülergericht. Niemand braucht sich deswegen aufzuregen. Nimm's sportlich." Sie wollte ihm ihre Hand auf den Arm legen.

Doch Micha schob sie grob weg. „Vergiss es. Wenn du schon den Sportvergleich wählst, dann hast du heute eindeutig zu viele Fouls begangen."

„Wie blumig du dich doch immer ausdrückst!", spottete sie und bereute es im selben Moment.

„Du bist so überheblich", sagte Micha leise. „Das kotzt mich an."

Lena wich zurück. Sie sah etwas in Michas Augen, das ihr fremd war. Und das machte ihr Angst. „Du hast doch angefangen, im Prozess rumzustänkern", rief sie aufgebracht.

„Tu doch nicht so, Lena! Die Wahrheit, die Fakten – all das war auf meiner Seite. Aber du hast lieber Gerüchte um irgendeine Bande in die Welt gesetzt, obwohl du ganz genau weißt, dass es keine Beweise gibt. Du hast dieses Gericht verarscht und du hast mich verarscht!"

„Ich finde, du steigerst dich da in etwas rein", sagte Lena bestimmt. „Das hat mit uns nichts zu tun!"

Micha trat einen Schritt auf sie zu. „Oh doch, das hat es sehr wohl. Du machst dich für diesen Idioten Fynn stark, obwohl alles – ich wiederhole: *alles* – gegen ihn spricht. Du bist blind, Lena, wenn du das nicht siehst. Was soll das Ganze eigentlich? Stehst du auf Fynn, oder was?"

Sie schüttelte fassungslos den Kopf. „Du weißt nicht mehr, was du sagst!"

„Quatsch! Ich habe doch gesehen, wie du ihn im Fitnessstudio angehimmelt hast, als er an dieser bekloppten Plastikwand hing!"

Lena starrte wieder aus dem Fenster. Es war sinnlos. Mit Micha war im Moment kein vernünftiges Wort zu reden. Sollte er sich doch erst mal austoben, dann – so hoffte sie zumindest – würde er wieder normal werden.

„Lass uns später darüber sprechen", versuchte sie ihn zu beruhigen. „Wenn sich die Wogen geglättet haben."

Micha lachte laut auf. „Das hättest du wohl gern, was? Ein bisschen Zeit gewinnen – wie bei Gericht? Nicht mit mir! Und weißt du was: Es gibt überhaupt keine Verlängerung mehr, auch nicht mit uns!" Er gab Jan einen Wink und drehte sich um. Jan sah Lena unschlüssig an. Dann folgte er seinem Freund.

Lena wollte Micha hinterherlaufen und ihn anbrüllen. Bis er in seiner krankhaften Eifersucht begriff, dass er sich irrte. Doch Lena blieb, wo sie war, und sagte keinen Ton. Sie ließ Micha gehen, weil er bestimmt damit rechnete, dass sie ihm folgte. Schüler strömten an ihr vorbei. Ein Mädchen rempelte sie an. Minutenlang stand Lena regungslos, bis alle weg waren.

Als sie hinaus auf den Schulhof trat, erfasste sie eine kalte Böe und ließ sie frösteln. Mechanisch zog sie die Jacke enger um sich. Jemand hatte einen Mülleimer umgekippt. Der Wind jagte Papierfetzen und Dosen über die grauen Steine. Lena ging zu der Bank, an der sie am Freitag Fynn und Toto beobachtet hatte. Nein, sie würde nicht an Micha denken. Sie war viel zu wütend auf ihn, um Trauer zu verspüren, redete sie sich ein. Außerdem war der Prozess jetzt wichtiger.

Inzwischen war sie sich ziemlich sicher, dass Toto etwas mit der Bande zu tun hatte. Allein schon, wie schnell Fynn versichert hatte, dass Toto nicht in die Sache verwickelt war. Aber glauben nützte ihr nichts. Sie brauchte Beweise oder Zeugen. Einen Augenzeugen wie Fynn. Aber Fynn hat zu viel Angst. Zu dumm, dass sich bisher kein weiteres Opfer gemeldet und den Mut aufgebracht hatte auszusagen. Dann hätte man die Bande womöglich zerschlagen können. Und den Streit zwischen ihr und Micha hätte es vermutlich auch nie gegeben. Sie wären noch zusammen. Lena setzte sich auf die Bank, zog die Beine an die Brust und ließ ihren Kopf auf die Knie sinken.

Jetzt bloß nicht weinen! Micha war es nicht wert. Denn eigentlich trug er die Schuld an der ganzen Situation und nicht Fynn. Es war natürlich viel einfacher, Fynn die Schuld für alles zu geben. Doch Micha hatte für die Eskalation im Gerichtssaal gesorgt, und er war es gewesen, der die Trennung provoziert hatte. Ohne es zu merken, krampfte Lena ihre Hand um das Schulterband ihrer Tasche zur Faust zusammen, bis die Knöchel weiß hervortraten.

Warum nur verfolgte Micha Fynn mit so viel Hass, fragte sie sich. War es nur Eifersucht oder steckte noch mehr dahinter? Die Nacht im *Trance* kam ihr wieder in den Sinn. Micha hatte sie und die anderen ein ums andere Mal eingeladen. Wie konnte er sich das nur leisten?

Lena lehnte sich zurück und sah zum Himmel. Die dunkelgrauen Wolken ließen es schon am Nachmittag dämmerig wirken. Es würde bald regnen.

Das Geld. Hatte sie Micha nicht mal gefragt, woher er das ganze Geld hatte? Sie glaubte sich dunkel daran erinnern zu können. Doch Micha war dem Thema ausgewichen. Lena ärgerte sich über sich selbst. Warum hatte sie damals nicht nachgehakt? Vermutlich hatte es zu diesem Zeitpunkt keine Rolle für sie gespielt. Aber jetzt konnte es wichtig sein. Jetzt, wo es darum ging herauszufinden, warum Micha Fynn vor Gericht so zugesetzt hatte. Offensichtlich war Micha viel daran gelegen, Fynn als Einzeltäter erscheinen zu lassen. Wollte er von etwas ablenken?

Dieser Gedanke traf sie mit voller Wucht. Womöglich hatte Micha Triple schützen wollen, indem er den Hass gegen Fynn schürte und die Sache mit der Bande als frei erfunden abtat. Vielleicht ... ja, vielleicht war Micha selbst Triple. Das würde erklären, woher er all das Geld nahm. Und es machte seinen Auftritt vor Gericht plausibel, wenn nicht sogar notwendig.

Lena versuchte sich in Triple hineinzuversetzen. Was würde sie als Anführer tun, wenn eines der Bandenmitglieder vor Gericht stand? Es lag auf der Hand: Triple musste dafür sorgen, dass Fynn seine Hintermänner nicht verriet. Fynn musste als Einzeltäter gelten.

„Jetzt drehst du durch", murmelte Lena. „Du bist wütend und verletzt. Du siehst Gespenster." Sie starrte in die Wolken, die ständig andere Formen annahmen, und fühlte sich unbedeutend und klein.

Klein und gemein. Fast hätte sie gelacht. Aber es stimmte: Ihre Gedanken waren rachsüchtig und armselig. Vor allem aber durch nichts zu beweisen. Oder doch? Immerhin gab es Anhaltspunkte … Sie brauchte bloß ein bisschen Zeit. Die hatte sie durch die Vertagung des Prozesses gewonnen. Sie musste die Zeit nur nutzen.

Lena atmete tief durch. Nein, sie würde nicht aufgeben. Jetzt erst recht nicht. Und sie nahm sich vor, Micha im Auge zu behalten – Micha und seinen Freund Jan. Allzu schnell hatte sich Jan auf Michas Seite geschlagen und auch er verfügte stets über ungewöhnlich viel Geld. Außerdem gab es immer wieder Gerüchte, dass Jan Drogen nahm. Bisher hatte Lena diesem Gerede nie Bedeutung beigemessen, aber plötzlich erschien ihr das in einem anderen Licht. Brauchte Jan Geld für Drogen? Vielleicht bildeten Jan und Micha ja auch ein Team – zusammen mit Toto.

Triple war mit dem Auftakt des Prozesses sehr zufrieden. Das lag nicht nur daran, dass sich Fynn so verhielt, wie es Triple erwartet hatte.

Es war spannend zu beobachten, wie hart und unfair die Beteiligten miteinander umgingen. Mit welchem Ernst und wie verbissen sie bei der Sache waren, wie wichtig sie sich nahmen – was für eine eitle kleine Laienspieltruppe! Schade, dass keine Kamera mitlief. Das Schülergericht –

vor allem dieser spezielle Prozess – konnte es leicht mit den Gerichtssendungen im Nachmittagsprogramm des Fernsehens aufnehmen. In der Schule wurde ähnlich gefightet wie im TV, obwohl es unter den Jugendlichen doch scheinbar um viel weniger ging. Weit gefehlt. Es ging einmal mehr um Sieg oder Niederlage. Um jede Menge Emotionen. Und diesmal waren sie alle an der Aufgabe gescheitert, das Problem sachlich und vor allem miteinander *zu lösen.*

Gab es so etwas wie ein Soziotop – ähnlich einem Biotop? Ja, dieser Begriff beschrieb das, was vor dem Schülergericht ablief, sehr treffend. Es ging um die Hackordnung, um Rangkämpfe zwischen all den kleinen Kriechtieren und Sumpfpflänzchen. Um Fressen und Gefressenwerden. Triple war begeistert von der Wortschöpfung. Falls der Ausdruck Soziotop noch nicht existierte, dann musste er für dieses Schülergericht erfunden werden.

Die Vertagung des Prozesses würde überhaupt nichts bringen. Im Gegenteil: Das würde den Druck auf alle Beteiligten nur noch erhöhen.

Triple kam ein weiterer Gedanke, der nicht minder reizvoll war. Wäre es nicht eine wunderbare Aufgabe für Fynn, den Einbruch in das Geschäft der Eltern selbst zu machen? Zweifel, ob Fynn der Sache gewachsen war, hatte Triple nicht. Es konnte nichts schiefgehen. Denn das wirkliche Ziel der Aktion war nicht die Beute. Weitaus spannender war es für Triple, Fynn in dieser Situation zu erleben. Und natürlich war es auch ein toller Nebeneffekt, dass Fynn damit noch tiefer in die Kriminalität getrieben wurde. Ja, der Einbruch musste seine Loyalität zur Bande zwangsläufig steigern. Dann war er wirklich einer von ihnen.

Ja, dachte Triple erneut. Das Ganze hat etwas von einem Soziotop. Mal sehen, wer wen fressen wird.

10.

Fynn wartete vor Björns Klassenzimmer. Er war blass und hatte dunkle Ringe unter den Augen, nachdem er die zweite Nacht in Folge kaum geschlafen hatte. Die Verlängerung des Prozesses quälte ihn. Lena sah die Fortsetzung dagegen als Chance. Offenbar setzte sie immer noch darauf, dass Fynn ihr die Namen der Hintermänner verriet.

Der Gong ertönte und im Klassenzimmer wurde Geschrei laut. Dann flog die Tür auf und Kinder strömten auf den Gang. Björn war einer der Letzten. Ein Freund lief neben ihm.

„Was willst *du* denn hier?", meinte Björn schroff, als er Fynn erblickte.

„Mit dir reden. Hast du einen Moment Zeit?"

„Pass auf, der will dich vielleicht noch mal abziehen", warnte Björns Freund.

„Nein, ich … ich will wirklich nur kurz mit dir reden … bitte", sagte Fynn.

Björn legte den Kopf schief. „Nee, ich glaube, das bringt nichts."

„Gib mir wenigstens eine Chance", bat Fynn. „Ich möchte mich entschuldigen und dir etwas erklären."

„Was gibt es da zu erklären? Du hast Kohle gebraucht und mich abgezogen. Ich will nichts mit dir zu tun haben. Das haben dir meine Eltern doch auch schon gesagt."

„Ja, aber so einfach ist es nicht", verteidigte sich Fynn.

Björns Freund mischte sich wieder ein. „Dem würde ich kein Wort glauben. Der macht hier einen auf nett und morgen knallt er dir wieder eine."

„Kannst du dich vielleicht mal raushalten?", fuhr ihn Fynn an.

„Siehst du! Der Typ ist voll aggressiv!", meinte Björns Freund. „Lass uns abhauen." Er zog Björn mit sich.

„Jetzt wartet doch mal!", rief ihnen Fynn hinterher. Doch die beiden drehten sich noch nicht einmal um.

Enttäuscht lehnte sich Fynn gegen die Wand. Er suchte in seiner Jackentasche nach einem Kaugummi, als er Thöne mit der Aktentasche unter dem Arm auf sich zusteuern sah.

„Hallo, Fynn", sagte Thöne und bemühte sich um ein freundliches Lächeln. „Wartest du auf jemanden?"

„Ich wollte mit Björn reden."

„Eine gute Idee. Wie ist es gelaufen?"

„Schlecht."

„Warum?"

„Ganz einfach: Er wollte nicht mit *mir* reden."

Thöne zog die Schultern hoch. „Vielleicht braucht er noch ein wenig Zeit. Ich glaube, es war gut, den Prozess zu vertagen."

„Das glaube ich nicht", erwiderte Fynn. „Es wird nichts Neues dabei herauskommen. Mir ist vor allem wichtig, dass Björn meine Entschuldigung annimmt. Schade, dass es gerade nicht geklappt hat. Ich werde es noch mal versuchen – aber dafür brauche ich kein öffentliches Gericht."

Thöne warf einen Blick auf die Uhr. „Komm mir jetzt nicht wieder damit, dass ich den Prozess abblasen soll!"

„Ich hätte nichts dagegen!", rief Fynn heftig. Er erschrak über seine eigene Lautstärke. „Ich kann und ich will nicht mehr. Sie haben doch selbst gesehen, wie es ablief: Die haben mich fertiggemacht."

Eine Lehrerin war stehen geblieben und beobachtete die beiden. Fynn erkannte die Frau, die am vergangenen Freitag mit Björn in den Kurs gekommen war, um den Erpresser zu finden.

Erst als Fynn unverhohlen zurückstarrte, ging sie zögernd weiter.

„Zieh doch hier nicht so eine Show ab", sagte Thöne ungehalten.

Das gefällt dir wohl nicht, dachte Fynn. Kritische Stimmen zum Schülergericht passen nicht so ins Bild des Superpädagogen. Er vergrub die Hände in den Hosentaschen. „Machen Sie dem Prozess ein Ende!"

„Das werde ich nicht. Ausgeschlossen. Deine eigene Verteidigerin hat doch um die Vertagung gebeten. Sie will noch Zeugen suchen. Das ist eine Chance für dich! Um die werde ich dich nicht bringen."

„Es wird sich nichts Neues ergeben", widersprach Fynn. „Die meisten hatten doch jetzt ihren … Spaß. Ich wurde beleidigt und beschimpft. Diese Verhandlung hat nichts mit dem zu tun, was bisher am Schülergericht abgelaufen ist. Zudem liegen die Fakten auf der Hand. Nur das Urteil fehlt noch. Geben Sie mir eine Strafe, ich werde sie akzeptieren. Und um Björn werde ich mich weiter bemühen. Aber ich will nicht erneut öffentlich runtergemacht werden, verstehen Sie das denn nicht? Es gibt doch auch Prozesse unter Ausschluss der Öffentlichkeit!"

„Ja, aber das ist nicht der Sinn des Schülergerichts", sagte Thöne in belehrendem Tonfall. „Es geht schließlich unter anderem auch darum, dass wir alle etwas daraus lernen. Und das ist nur über die Öffentlichkeit zu erreichen."

„Und was sollte man Ihrer Meinung nach aus dem gestrigen Spektakel lernen? Wie man jemanden am effektivsten niedermacht?"

„Spektakel? Dieser Ausdruck gefällt mir überhaupt nicht, Fynn."

Das ist mir egal, ob dir meine Ausdrucksweise gefällt, dachte Fynn.

„Ich empfinde es aber so", gab er zurück. „Quälen Sie mich nicht länger."

„Wenn du zu schwach bist, diesem Druck standzuhalten und wir den Prozess absagen, weiß ich nicht, wie Björns Eltern reagieren werden – und seine Lehrerin, die ihn zu uns in die Klasse begleitet hat."

„Was meinen Sie damit?", fragte Fynn. Doch noch während er sprach, wurde ihm die Antwort klar: Polizei. Nein, das durfte nicht passieren. Auf keinen Fall. Denn das bedeutete zugleich, dass seine Eltern informiert würden. Fynn durfte gar nicht daran denken …

Er konnte das Gesicht seiner Mutter schon vor sich sehen: müde und traurig. Fynn blickte Thöne in die Augen. „Das ist Erpressung", sagte er leise.

Thöne reagierte anders, als es Fynn erwartet hatte. Der Lehrer wurde nicht wütend, sondern antwortete kühl und sachlich.

„Zu deiner Information, Fynn: Ich konnte Björns Lehrerin nur mit Mühe und Not davon abhalten, die Polizei einzuschalten. Und ich dachte eigentlich, das sei auch in deinem Sinne. Im Übrigen wäre ich an deiner Stelle etwas vorsichtiger mit meiner Wortwahl. Ausgerechnet *du* sprichst von Erpressung! Jemand, der einen kleinen, wehrlosen Mitschüler überfallen und erpresst hat."

Fynn blickte zu Boden. Jetzt hatte er wieder den Kürzeren gezogen und war in einer Ecke gelandet, in die er nicht gewollt hatte.

„Wir können den Prozess auch nicht einfach mitten in der Verhandlung absagen, Fynn", setzte Thöne nach. „Das würde das Gericht lächerlich machen – und unglaubwürdig. Und das werde ich nicht zulassen. Wo kämen wir hin, wenn auch noch ausgerechnet ein Angeklagter eine gute Idee zerstört? Dagegen wehre ich mich mit aller Kraft. Und glaube mir, ich stehe nicht allein. Zumindest ein Großteil deiner Mitschüler glaubt an das Projekt. Du hast es übrigens auch getan, bis du selbst auf der Anklagebank gelandet bist."

„Ich bin ein Versuchskaninchen in Ihren Studien, nicht wahr? Und deshalb muss der Prozess weitergehen!", hielt Fynn dagegen. „Sonst wird die nächste Seite in Ihrem Buch nicht fertig."

Thöne lachte auf. Seine Stimme klang schrill. „Das ist ja lächerlich. Völlig absurd. Auf diesem Niveau unterhalte ich mich nicht länger mit dir. Wir sehen uns am Donnerstag!"

Fynn blieb auf dem Gang zurück. Thöne marschierte Richtung Treppenhaus. Er hatte sich einem Kollegen angeschlossen. Die beiden scherzten. Thönes Lachen wehte zu Fynn herüber.

Plötzlich packte Fynn eine Wut, die ihm selbst unheimlich war. Er hasste dieses Lachen. Thöne sollte damit aufhören!

Jetzt nickte Thöne seinem Kollegen zu und verschwand durch die Toilettentür.

Nur einen Augenblick später riss Fynn sie auf. Er sah gerade noch, wie Thöne in einer der Kabinen verschwand. Ein Schlüssel wurde herumgedreht. Stille trat ein. Fynn ließ seinen Kopf gegen die Fliesen über dem Waschbecken sinken und schloss einen Moment lang die Augen. Was tat er hier eigentlich? Dann machte er auf dem Absatz kehrt und verließ den Raum. Seine Schritte waren langsam, unentschlossen. Er wollte raus aus der Schule, so viel war ihm klar. Aber er wusste nicht, wohin.

Auf dem Schulhof stieg Fynn auf sein Mountainbike und fuhr los. Ohne weiter darüber nachzudenken, wählte er einen Weg, der aus der Stadt hinausführte. Rasch nahm er Tempo auf. Er gelangte auf eine Ausfallstraße, wo sich Tankstellen, Bau- und Supermärkte aneinanderreihten. Er fuhr jetzt sehr schnell. Der Fahrtwind blies ihm ins Gericht. Fynn begann leicht zu schwitzen. Der schnelle Takt, mit dem er in die Pedale trat, tat ihm gut.

Je größer der Abstand zur Stadt wurde, umso besser fühlte er sich.

Du fliehst, sagte er sich. Du läufst mal wieder weg. Und dann kommt der Punkt, wo du zurückmusst. Zurück zu Thöne, zu Lena, zu Toto ...

Lena war stärker als er. Die gab nicht so schnell auf. Sie wollte den Kampf annehmen, auch wenn es für sie wohl ebenso aussichtslos war wie für ihn. Aber Thöne würde gewinnen, ganz gleich, wie der Prozess ausging. Thöne würde immer gewinnen.

Bei dem Gedanken an den Lehrer stieg in Fynn wieder heftige Wut auf. Dabei hatte er Thöne sehr geschätzt, wenn nicht sogar ein wenig bewundert. Thöne genoss einen hervorragenden Ruf – und das nicht nur an der Schule. Spätestens seit seine Projekte so großen Widerhall in den Medien gefunden hatten, war der Lehrer unantastbar. Und da konnte ein kleiner, feiger Erpresser wie Fynn nicht dran kratzen. Das interessierte niemanden.

Ein sanfter Hügel tauchte vor Fynn auf. Dahinter glitzerte Wasser. Erst jetzt realisierte er, wo er war. Vor ihm lag ruhig und silbrig die Fläche des kleinen Sees im Süden der Stadt. Aber dafür hatte Fynn keine Augen.

Was, wenn Thöne wirklich Triple ist, überlegte er erneut. Er erinnerte sich an Lenas Reaktion, als er Thöne als möglichen Täter genannt hatte. Lena hatte nicht gelacht. Sie war still und nachdenklich gewesen. Nach der Szene mit Thöne gerade eben kam Fynn der Verdacht plötzlich nicht mehr ganz so abwegig vor.

Thöne hatte ein Motiv. Dem Lehrer ging es sicher nicht um Geld. Vielleicht brauchte er einfach nur neue

Fälle für sein Gericht, mit dem er so viel Aufsehen erregt hatte. Er konnte es sich überhaupt nicht erlauben, dass die Prozesse einschliefen …

Fynn hatte die Kuppe des Hügels erreicht und stieg ab. Er trank einen Schluck aus der Aluflasche, die an seiner Fahrradstange befestigt war. Lauwarmer Apfelsaft mit Mineralwasser. Fynn schluckte die Mischung angewidert hinunter.

Oder war es seine Wut auf Thöne, die den Lehrer plötzlich so verdächtig erscheinen ließ? Vielleicht gab es Triple ja überhaupt nicht, vielleicht war Triple doch ganz einfach nur Toto. Aber die Vorstellung, dass ausgerechnet Thöne Triple sein könnte, ließ ihn nicht mehr los.

Im Geiste sah er die entsetzten Gesichter vor sich, wenn er am nächsten Prozesstag Thöne als Anführer der Faustbande enttarnen würde. Was für ein Triumph! Doch sofort machte Fynn einen gedanklichen Rückzieher. Triple alias Thöne dürfte nie erfahren, dass es Fynn gewesen war, der ihn überführt hatte. Denn irgendwann würde Triple aus dem Gefängnis kommen und ihn suchen.

Nein, er musste Triple anonym enttarnen. Nur – wie konnte er Thöne auf die Schliche kommen? Sollte er ihn beschatten? Oder führte der Weg über Toto? Lieber nicht. Toto war ein Schläger. Er musste einen anderen Weg finden, um dichter an Thöne heranzukommen. Aber wie?

Fynn ließ sich ins Gras fallen. Still lag der See unter ihm. Ein Jogger drehte einsame Runden.

Was würde ich machen, überlegte Fynn, wenn ich jetzt beim Climben in einer steilen Wand hinge? Ich würde den nächsten kleinen Schritt tun. Vorsichtig und genau platziert. Das würde voraussetzen, dass ich das Gelände vorher genau erkundet hätte.

Erkunden, das war es. Er brauchte Informationen über Thöne. Das durfte doch eigentlich nicht so schwer sein. Immerhin war der Lehrer ein ziemlich bekannter Mann. Im Internet konnte Fynn vermutlich einiges über Thöne finden. Womöglich auch etwas, was er gegen ihn verwenden konnte.

Fynn fuhr zurück in die Stadt. Er fühlte sich wesentlich besser. Jetzt würde er nicht mehr untätig auf den nächsten Prozesstag warten, er würde etwas unternehmen.

Schade, dass er zu Hause nicht über einen Internetanschluss verfügte. Sein Vater wickelte zwar einen Teil seiner Geschäfte übers Internet ab, aber dafür benutzte er einen Computer in der Firma. Geld, um im Internetcafé zu surfen, hatte Fynn auch nicht. Jetzt hätte er einen Freund gebraucht, der ihm weiterhalf. Ob er Lena fragen sollte? Gut, sie war vielleicht nicht gerade eine Freundin, aber sie war immerhin seine Verteidigerin, sie stand auf seiner Seite. Und sie wollte doch auch die Hintermänner enttarnen. Wenn es ihnen gelingen würde, gemeinsam Triple aufzuspüren, brauchte sich Fynn überhaupt nicht mit Toto anzulegen. Kurz entschlossen hielt er an und zog das Handy hervor. Jetzt bloß nicht zu lange darüber nachdenken und einen Rückzieher machen!

Hoffentlich hat Lena Zugang zum Internet, dachte er, während er ihre Nummer eintippte. Falls nicht, lohnte sich der Anruf dennoch. Vielleicht hatte Lena ja auch eine andere Idee, wie sie weiter vorgehen konnten. Aber das war es nicht allein. Während Fynn auf den Klingelton wartete, wurde ihm bewusst, dass ihm auch jeder andere Grund recht gewesen wäre, um Lena anzurufen.

Eine Frauenstimme vom Band meldete sich und forderte Fynn auf, eine Nachricht zu hinterlassen. Fynn drückte den Knopf mit dem roten Symbol. Er legte immer auf, wenn er etwas auf eine Mailbox oder einen Anrufbeantworter sprechen sollte.

Unschlüssig stand Fynn auf dem schnurgeraden Radweg. Der Wind war kalt und Fynn fröstelte. Er würde es nachher noch einmal probieren.

11.

Als Lena den Englisch-Leistungskurs verließ, wäre sie fast Micha und Jan in die Arme gelaufen. Im letzten Moment machte sie einen Schritt zurück. Die beiden gingen an ihr vorüber, ohne sie zu bemerken.

Lena sah ihnen nach. War Micha traurig wegen ihrer Trennung? Es sah nicht so aus. Jedenfalls lachte er ständig. Wann immer sie ihn zufällig sah, schien er sich bestens zu amüsieren.

Sie begann Micha und Jan in einigem Abstand zu folgen. Die beiden schlenderten zu einem Kiosk, der neben dem Gymnasium lag. Lena verbarg sich hinter einer Plakatwand. Sie kam sich lächerlich vor. Andererseits konnte sie ihre Blicke nicht von Micha wenden. Wie konnte er nur so gut drauf sein? In ihr stieg Wut auf.

Micha und Jan blieben neben dem Kiosk stehen. Es schien, als warteten sie auf jemanden.

Auch Lena verharrte auf ihrem Posten. Sie überlegte, ob sie das Versteckspiel aufgeben sollte. Doch sie blieb. Die Vorstellung, dass sie etwas Wichtiges verpassen könnte, nur weil sie keine Geduld hatte, gefiel ihr nicht.

Plötzlich kam Bewegung in Micha und Jan. Sie gingen auf ein Auto zu, das in der Nähe angehalten hatte. Ein BMW-Cabrio. Die Beifahrertür öffnete sich und eine junge Frau mit langen schwarzen Haaren stieg aus, die Lena noch nie gesehen hatte. Die Fremde war auffallend hübsch. Sie schüttelte Micha die Hand. Jan nickte sie nur kurz zu. Dann zog sie etwas aus der Handtasche hervor und reichte es Micha.

Lena konnte nicht genau erkennen, was es war. Vielleicht eine Schachtel oder ein kleines Päckchen. Micha und die Frau wechselten ein paar Worte. Anschließend holte er sein Portemonnaie hervor und gab ihr einen Geldschein. Die drei lachten über irgendetwas und die Fremde sprang zurück in das Cabrio. Der Fahrer, ein junger Mann mit einer Baseballkappe, gab Gas. Micha und Jan winkten dem Auto hinterher. Anschließend gingen sie zur Bushaltestelle.

Das war's dann wohl, dachte Lena. Sie verließ ihr Versteck und lief in die entgegengesetzte Richtung – weg von Micha und seiner penetrant guten Laune.

Wer war die hübsche junge Frau gewesen und was war das für ein Päckchen? Jedenfalls hatte Micha der Unbekannten Geld gegeben. Lena glaubte, dass der Schein braun-orange gewesen war. Demnach hatte es sich um einen Fünfzigeuroschein gehandelt. Was konnte Micha für 50 Euro gekauft haben? Drogen?

Lenas Wut ließ allmählich nach und machte Ratlosigkeit Platz. In der Nähe des Fahrradständers setzte sie sich auf eine Mauer und grübelte. Aber sie war zu aufgewühlt und konnte keinen klaren Gedanken fassen. Nadine könnte ihr jetzt helfen. Nadine, die fast immer cool blieb. Lena kramte in ihrer Tasche nach dem Handy und stellte fest, dass sie es zu Hause vergessen hatte. Heute schien nicht ihr Tag zu sein. Sie beschloss auf Verdacht bei ihrer Freundin vorbeizufahren.

„50 Euro?", staunte Nadine. „Nicht schlecht!"

Lena hockte mit angezogenen Beinen auf Nadines Sofa und sah ihre Freundin gespannt an. Sie hatte ihr alles erzählt.

„Und wie kommst du darauf, dass es sich um irgendetwas Kriminelles handelt?", fragte Nadine nach.

„Weiß nicht. Es sah irgendwie so aus. So komisch."

Nadine ließ sich neben Lena auf die Couch fallen und sah sie von der Seite an. „Oder bist du eifersüchtig wegen der anderen Frau?"

„Quatsch!", erwiderte Lena heftig. „Es war nur so eine seltsame Situation. Das ist doch nicht normal."

„Sagst du. Weil du Micha mit einer Frau beobachtet hast, die du nicht kanntest."

„Ja, vielleicht ist es das. Ich frage mich, ob ich ihn überhaupt richtig gekannt habe."

„Ach was, jeder hat seine kleinen Geheimnisse. Auch wenn Micha und Jan ein paar Pillen oder ein bisschen Hasch gekauft haben sollten – na und?"

Lena glaubte sich verhört zu haben.

„Na und?", wiederholte Nadine. „Hast du das Zeug noch nie probiert?"

„Nein", sagte Lena. „Und ich hab es auch nicht vor."

„Stell dich doch nicht so an!" Nadine grinste spöttisch. „Es ist nichts dabei, es mal anzutesten. Sonst kannst du nicht mitreden."

Lena blickte auf den Boden. Sie sah das zwar ganz anders als Nadine, aber es würde nichts bringen, sich jetzt deswegen mit ihrer Freundin anzulegen.

Nadine stand auf und verließ das Zimmer. Kurz darauf kam sie mit einer kleinen Flasche Sekt und zwei Gläsern zurück.

„Komm, trink einen Schluck mit mir", sagte sie grinsend.

Lena starrte sie entgeistert an.

„Schau nicht so!", lachte Nadine. „Eine Trennung muss man feiern. Denn sie ist auch immer ein Neubeginn. Darauf sollten wir anstoßen!" Sie öffnete die Flasche und goss die Kelche halb voll. „Auf die Zukunft!"

Zögernd nahm Lena ihr Glas und setzte es an die Lippen. Während sie in kleinen Schlucken trank, beobachtete sie ihre Freundin. Nadine hatte einen unerschütterlichen Glauben an sich und das, was das Leben noch bringen würde. Lena beschloss, sich diesen Optimismus anzueignen, wenn es irgendwie möglich war. Zumindest in ihrer jetzigen Situation konnte er nur hilfreich sein.

Nach einer Weile sagte Nadine: „Und auch wenn du einen Beweis hättest, dass die beiden Drogen gekauft haben – was würdest du dann tun? Zur Polizei gehen und sie anzeigen?"

Lena schwieg.

„Ich glaube nicht, dass du das machen würdest. Weil du Micha nämlich noch liebst. Vielleicht überwiegt die Wut im Moment, vielleicht sogar der Hass. Aber das liegt daran, dass er deine Gefühle verletzt hat – hab ich recht?" Nadine stellte ihr Glas auf dem Schreibtisch ab.

„Außerdem: Was ist mit Jan? Er hat dir nichts getan. Warum solltest du ihn da mit reinziehen?" Ihre Stimme wurde plötzlich einen Tick schärfer. „Und mal so ganz nebenbei bemerkt: Wenn du das tun würdest, würdest du gleichzeitig deine beste Freundin verlieren."

Lena nickte langsam.

„Wenn die Polizei Drogen bei den beiden fände, könnte es zu einem Verfahren kommen. Einem richtigen", spann Nadine ihren Gedanken weiter. „Und du weißt sehr gut, was eine Vorstrafe für Jan oder Micha bedeuten würde. Sind deine verletzten Gefühle das wert? Willst du so eine peinliche Racheaktion durchziehen?" Nadine setzte sich wieder neben Lena und legte einen Arm um sie. „Du bist meine Freundin", flüsterte sie. „Und es tut mir sehr leid, dass es dir so mies geht. Aber hör auf, Micha und Jan nachzustellen. Bitte."

Lena lehnte ihren Kopf an Nadines Schulter. Die Tränen kamen und sie unternahm erst gar nicht den Versuch, sie zu stoppen.

12

„He, Fynn, wir haben zehn Uhr. Feierabend!", rief Ted lachend.

„Ach komm, gib mir noch 'ne halbe Stunde. Ich will deine neue Route testen. Die mit den roten Griffen!", gab Fynn zurück.

Er war seit halb neun Uhr hier und hatte ein einstündiges Konditionstraining und danach ein ausführliches Stretchingprogramm absolviert. Zwischendurch hatte Fynn mehrfach bei Lena angerufen, sie aber nicht erreicht. Bei jedem Versuch hatte er still gebetet, dass sie ans Telefon ging und dass sie ihm bei seinem Plan helfen würde. Aber sie schien ihr Handy nicht dabeizuhaben. Pech. Mal wieder. Fast hatte es Fynn erwartet.

Jetzt wollte er in die Wand. Er musste sich auspowern, die Erschöpfung spüren. Vielleicht würde er dann später Schlaf finden.

Ted schüttelte den Kopf. „Du bist ein Fanatiker."

„Ein extremer Sport braucht extreme Sportler", gab Fynn zurück.

„Das stimmt. Wahrscheinlich bist du deshalb so gut."

„Kann ich noch bleiben? Ich mache auch überall das Licht aus und schließe ab", bat Fynn. Es wäre nicht das erste Mal, dass ihn Ted gewähren ließ.

„Okay, du hast ja den Schlüssel", stimmte Ted zu. „Falls du die Tür vergisst, muss ich dich kreuzigen. Die Sauna habe ich übrigens schon ausgemacht. – Bis morgen, nehme ich an?"

„Ja, bis morgen, Ted. Und danke."

Ted winkte ihm zum Abschied zu. In der Tür drehte er sich noch mal um und meinte: „Willst du ernsthaft die neue Strecke ausprobieren?"

„Klar, warum nicht?"

„Weil ich sie nicht gebaut habe, damit man sie so einfach packen kann. Ist mehr was zum Anschauen."

„Und Staunen? Vergiss es. Ich werde es versuchen."

„Ich habe es geahnt", erwiderte Ted. „Du bist wirklich ziemlich verrückt." Damit verschwand er.

Fynn ließ ein paar Minuten regungslos verstreichen. Die Stille, die ihn umgab, war vollkommen. Keine Diskomusik, keine Kommandos aus den Aerobicräumen. Kein Ploppen der Squashbälle, kein Quietschen von Turnschuhen. Keine Gespräche, kein Lachen. Fynn lauschte in diese Stille hinein. Er hörte sich selbst atmen, ruhig und regelmäßig. Er war allein mit der Wand. Sein Blick fiel auf die neue Route. Fynn folgte mit den Augen den roten Tritten und Griffen, die Ted heute Morgen neu in die Wand gedübelt hatte. Auf halbem Weg sah es so aus, als reiße die Strecke einfach ab. Was sollte das? Fynn kniff die Augen zusammen. Doch, da war ein winziger Griff, hoch über dem letzten Tritt! Unerreichbar, so schien es. Aber dann huschte ein Lächeln über sein Gesicht. Ein etwa drei Meter langer, schmaler Riss zog sich durch den Kunstfels und verband die beiden Punkte. Diese Spalte war Fynn schon bei früheren Touren aufgefallen. Aber bisher hatte sie lediglich zur Dekoration gedient. Nun war sie ein Teil von Teds neuer Strecke. Fynn war klar, dass er nur über diese Fuge zum nächsten roten Griff kommen konnte. Die Kante hatte es wirklich in sich. Außerdem würde er an die Sturzgrenze gehen müssen. Er musste sich anseilen.

Fynn lief über die Treppe zum Ziel, dem Ausstieg oberhalb der Wand. Wie üblich meldeten sich Fynns Füße in den viel zu kleinen Schuhen schon nach wenigen Schritten. Doch er ignorierte das.

Oben war eine kleine Plattform mit einem einbetonierten Bohrhaken. Fynn sicherte das Seil mit einer Sackstichschlaufe und einem Verschlusskarabiner am Haken. Nachdem er das Seil hinuntergeworfen hatte, legte er sich auf den Bauch und sah über den Vorsprung, der ihm nachher das Leben schwer machen würde, in die Tiefe. Das Ende des Seils lag wie eine zusammengeringelte Schlange auf dem Boden.

Fynn lief zurück. Unten verband er das Seil mit seinem Gurtsystem, das er an Hüfte und Brust trug. Noch während er das Seil festzurrte, hörte er ein Geräusch. War da gerade eine Tür ins Schloss gefallen? Er lauschte. Bestimmt hatte Ted die Eingangstür abgeschlossen, als er gegangen war. Oder hatte er sich darauf verlassen, dass Fynn sie hinter ihm verriegelte? Fynn überlegte, ob er nachsehen sollte. Doch dafür hätte er das Seil wieder lösen müssen. Er zögerte. Noch einmal lauschte er angestrengt. Nichts. Er hatte sich wohl geirrt.

Fynn nahm die Route in Angriff. Die ersten Meter kam er zügig voran, dann hatte Ted die erste Schikane eingebaut: Die rote Spur führte zu einem kleinen Überhang. Fynn meisterte die Stelle konzentriert und sicher. Er griff zur Rückseite seines Klettergurts und fasste in den Magnesiabeutel. In diesem Moment vernahm er wieder Laute, die ihn innehalten ließen. Schritte? Bildete er sich das ein oder war da wirklich ein Tappen und leises Quietschen wie von Turnschuhen? Fynn drehte den Kopf und spähte erst über die linke, dann über die rechte Schulter. Er war allein – natürlich. Ted hatte garantiert abgesperrt. So war es doch immer gewesen.

Fynn schloss die Augen. Er durfte sich nicht ablenken lassen. Nicht bei dieser Route. Nachdem er ein paarmal tief durchgeatmet hatte, blickte er die Wand hinauf und fixierte sein Ziel. Gleich würde er die Spalte erreichen, die – wie er jetzt sah – keine drei Finger breit war. Eine schwarze Linie, gezackt wie ein Blitz.

Ted hat recht, dachte Fynn. Diese Strecke war für die meisten Sportkletterer nur etwas zum Anschauen. Aber *ihm* genügte Anschauen nicht, er würde die Route bezwingen. Fynn stand auf dem letzten Tritt vor dem Riss. Langsam steckte er die rechte Hand mit dem Daumen nach oben in den Riss und stellte die Finger auf, bis die Hand komplett im Fels verklemmt war. So verfuhr er auch mit der anderen Hand. Jetzt verkeilte Fynn nacheinander seine Füße in der Spalte: Er drehte die Fußsohlen nach innen, als wolle er auf den Außenkanten stehen, schob sie an einer Stelle, die ihm etwas breiter schien, in den Riss hinein und drehte sie anschließend wieder in die Waagerechte. Nun hing er mit dem kompletten Körpergewicht in der Felsspalte. Der Schmerz traf ihn mit betäubender Wucht. Fynn biss sich auf die Unterlippe. Er durfte den Schmerz nicht von seinen Gedanken Besitz ergreifen lassen. Dann würde er verlieren, er würde aufgeben, und alles war umsonst. Er musste sich jetzt allein darauf konzentrieren, wie er weiterkam. Denn was war schon der Schmerz verglichen mit dem Triumphgefühl, wenn er diese Strecke überwunden hätte? Fynn begann zu keuchen. Er befreite den rechten Fuß aus der Spalte und setzte ihn ein Stück höher an, drückte seinen Körper nach oben und zog das zweite Bein nach. So verfuhr er anschließend mit den Händen. Nach der Hälfte der Strecke fühlte er sich besser. Er kam voran, langsam zwar, aber es funktionierte. Fynn wusste, dass er die Tour packen würde. Schade, dass Ted ihn nicht sehen konnte.

Der nächste rote Griff tauchte vor ihm auf. Fynn packte ihn mit einer Hand und bemerkte erst jetzt, dass seine Fingerknöchel aufgeschürft waren und leicht bluteten. Das war ein Risiko. Rutschige Hände konnte er jetzt nicht gebrauchen. Er drückte die verletzten Finger in das Magnesia. Als Fynn auch das letzte Stück des Risses überwunden hatte, stand er in etwa sieben Metern Höhe sicher auf vergleichsweise bequemen Tritten. Erschöpft lehnte er den Kopf gegen die Wand.

„Ich hab dich", sagte er leise. Er wartete mit geschlossenen Augen auf das Glücksgefühl.

Vielleicht war er ein Fanatiker, wie Ted gesagt hatte. Aber dann war Fynn stolz darauf. Auch wenn das kaum jemand nachvollziehen konnte. Doch Fynn war es gewohnt, dass man ihn nicht verstand. Ted vielleicht, der war eine Ausnahme. Der war auch ein Verrückter. Ted gehörte zu denen, die bereit waren, etwas Ungewöhnliches zu wagen und dabei nicht nur an die eigenen Grenzen zu gehen, sondern sie auch zu überschreiten. In dieser Hinsicht war er wie Fynn. Andererseits hatte Ted noch etwas anderes, wo er Erfolge verbuchen konnte – er führte ein gut gehendes Fitnessstudio und hatte sein Hobby zum Beruf gemacht. Für Fynn dagegen gab es außer der Sportkletterei nichts, was ihn aufbaute und ihn stark machte.

Dieses Hochgefühl hätte Fynn gerne öfter verspürt. Erfolg sei wie eine Droge, hatte mal ein kluger Kopf gesagt. Da war was dran, fand Fynn.

Und jetzt kam das Glücksgefühl tatsächlich, wie eine Welle, die sanft über ihn hinwegflutete. Er horchte in sich hinein. Genoss es. Dabei achtete er auf seine Atmung – fuhr sie zurück, wie er es nannte. Er durfte sich nicht zu früh freuen, denn das bedeutete fast immer Leichtsinn. Und noch hatte er ein Stück vor sich, das auch nicht ohne war.

Das Geräusch riss ihn aus seinen Gedanken. Schritte, das war unverkennbar. Diesmal kamen sie ganz aus seiner Nähe. Fynn zuckte zusammen. Er war nicht allein im Studio, nun war er sich sicher. Einbrecher? Wo würden sie etwas Wertvolles suchen? Vermutlich an der Kasse unten beim Eingang. Oder oben an der Bar. Er warf einen Blick hinauf – niemand war dort zu sehen. Noch nicht. Fynn musste rasch handeln. Er musste zum Ausstieg und dann per Handy die Polizei rufen. Doch das Handy war unten im Rucksack. Fynn stieß einen unterdrückten Fluch aus. Er mahnte sich zur Ruhe.

Schritt für Schritt. Wie immer. Also erst einmal hinauf. Zügig arbeitete er sich weiter nach oben vor, immer darauf bedacht, keinen unnötigen Lärm zu verursachen. Den zweiten großen Überhang nahm Fynn im Schnelldurchgang. Er erreichte die Kante des kleinen Plateaus und spähte hinüber. Er erstarrte.

„Na?", meinte Toto. Er stand direkt vor dem Bohrhaken. Neben ihm standen Marc und noch ein anderer aus der Bande.

„Komm ruhig rauf, wir haben was mit dir zu besprechen", sagte Toto jetzt. „Mit unserem großen Helden vom Schülergericht."

Marc spielte mit einem Autoschlüssel und grinste Fynn an.

Fynn war wie betäubt. Er warf einen Blick zurück, um zu prüfen, ob er sich blitzschnell abseilen konnte. Aber unten stand ein Jugendlicher, den er noch nie gesehen hatte, und sah zu ihm hinauf. Mechanisch zog sich Fynn auf die Plattform.

„Wie seid ihr hier reingekommen?", fragte Fynn. Er versuchte ruhig zu wirken.

Toto sah ihn gelangweilt an und gab Marc ein Zeichen: „Zeig's ihm."

Unter seiner Jacke zog Marc ein Brecheisen hervor. „Der Hintereingang beim Parkplatz", sagte er beiläufig. „Eine billige Tür und keine Alarmanlage. Ziemlich leichtsinnig."

Fynn nickte. Seine Gedanken rasten. Der Hintereingang lag weit weg von der Kletterwand. Deshalb hatte er von dem Einbruch nichts mitbekommen. Aber die Schritte, die hatte er gehört. Im Geiste vollzog er den

Weg der Bande nach – vom Hintereingang vorbei an der Sauna und dem Kaltbad zum Treppenhaus. Und hinter der Kletterwand die Stufen hinauf bis zur Plattform. Er hatte Toto und seine Freunde nicht sehen können. Was wollten sie von ihm? Dass er nächstes Mal 30 Euro zahlen musste, hatte ihm Toto doch schon unmissverständlich klargemacht. Warum dieser Aufwand, um ihn zu treffen?

„Deine Mutter war so freundlich uns zu sagen, dass du hier bist", meinte Toto. „Du hast eine nette Mami."

Fynn verschränkte die Arme vor der Brust. Ärger stieg in ihm auf, aber er ließ sich nichts anmerken.

„He, was hast du denn da für ein Täschchen am Gürtel?", fragte Marc spöttisch. „Ist da was zum Nasepudern drin?"

Die drei grinsten.

Toto blickte Fynn direkt an. „Triple hat eine kleine Aufgabe für dich. Keine Angst, nichts Schwieriges."

Instinktiv machte Fynn einen Schritt zurück. Unter der Ferse spürte er die Kante des Plateaus.

„Wo willst du hin?", fragte Toto und lachte.

Unwillkürlich überprüfte Fynn den Sitz des Gurtsystems.

„Triple hat eine Idee, eine wunderbare Idee, wie ich finde", fuhr Toto fort. „Triple hat sich einen netten kleinen Einbruch für dich ausgedacht."

Fynn öffnete den Mund, um zu protestieren.

Doch Toto ließ ihn nicht zu Wort kommen: „Es ist kein gewöhnlicher Einbruch. Du brauchst dich nicht groß anzustrengen. Es gibt eigentlich kein Risiko, wenn du dich nicht allzu dumm anstellst."

„Ganz egal, was es ist: Ich kann so etwas nicht", stieß Fynn hervor.

„Aber natürlich kannst du das. Du sollst nur bei deinem Daddy vorbeischauen." Toto ließ die Worte wirken.

Fynns Augen verengten sich. „Bei meinem Vater? Du willst allen Ernstes, dass ich in das Geschäft meines Vaters einbreche?"

„Du begreifst schnell, Fynn."

„Niemals!", schrie Fynn. „Das kann niemand von mir verlangen!"

„Doch: Triple. Du hast Schulden bei uns. Und Abziehen liegt dir nicht, wie deine lächerliche Aktion bei Björn gezeigt hat. Sei lieber froh, dass sich Triple etwas anderes für dich hat einfallen lassen. Dein Alter hat wunderbare Sachen in seinem Laden, die sich gut weiterverkaufen lassen. Handys und so weiter. Vielleicht findest du auch Bargeld." Toto rieb sich das Kinn. Es schien, als denke er nach.

„Das Ganze einen *Einbruch* zu nennen, ist eigentlich übertrieben", fuhr er dann fort. „Du hast ja einen Schlüssel zu dem Laden. Also wirst du dort hineinspazieren und dich ein wenig umsehen. Und zwar jetzt gleich."

Fynn schüttelte den Kopf. „Nein." Er spürte, wie Panik in ihm aufstieg. Das kam nicht infrage. Diesmal war Triple zu weit gegangen.

Für einen Moment kehrte Stille ein. Toto begann, mit Fynns Seil zu spielen. „Das Ding hält sicher 'ne Menge aus, oder?", fragte er.

Fynn erwiderte nichts.

Toto untersuchte den Karabinerhaken. „Doch, das muss viel aushalten – einen Menschen im freien Fall", überlegte er laut.

„Lass das Seil in Ruhe", sagte Fynn.

„Natürlich, entschuldige. Mit so was spielt man nicht." Toto stand auf. Er lächelte Fynn an.

Und jetzt?, fragte sich Fynn. Schlagen sie mich wieder zusammen?

Totos Attacke kam so überraschend und so schnell, dass Fynn nicht reagieren konnte. Fynn taumelte rückwärts, seine Arme ruderten im Nichts, seine Füßen rutschten über die Kante, er kippte nach hinten vom Plateau. Fynn hörte sich schreien, es klang unwirklich, weit entfernt und erschien ihm endlos lang.

Ein harter Schlag folgte, als das Seil seinen Sturz abfing. Der Schmerz schoss von Fynns Oberschenkeln in Brust und Rücken und raubte ihm den Atem. Aber das Seil schien zu halten. Fynn pendelte unter dem Überhang auf die Wand zu. Im letzten Moment bekam er die Beine nach vorn und konnte verhindern, dass er gegen die Wand schlug. Als Fynn zurückprallte, gab das Seil ein quietschendes Geräusch von sich. Es scheuerte über die Kante der Plattform.

Toto saß dort oben, neben ihm seine Freunde. Sie sahen Fynn zu, wie er kämpfte.

Ich muss an die Wand, durchfuhr es Fynn. Da bekommen sie mich nie zu fassen. Fast spürte er so etwas wie einen kleinen Triumph. Das hier war sein Terrain.

Doch Fynn erreichte die Wand nicht. Sosehr er sich auch streckte – er kam nicht mehr heran. Er versuchte die Pendelbewegung zu verstärken.

„Tja", kam es von oben. „Dumm gelaufen. Gib's auf!"

„Das könnte dir so passen", brüllte Fynn. Der Schock entlud sich in Wut: „Du bist ein feiges, hinterhältiges Schwein. Von dir lasse ich mich nicht fertigmachen. Brich *du* doch ein, *ich* tu's jedenfalls nicht."

„Das werden wir ja sehen", gab Toto unbeeindruckt zurück.

Ein klickendes Geräusch ließ Fynn nach oben sehen. In Totos Hand lag ein Messer. Langsam, ganz langsam führte Toto die Klinge näher an das Seil heran.

„Das ist ein gutes Seil, das du da hast. Es hält wirklich eine Menge aus."

„Hör auf!", schrie Fynn. „Du bist ja wahnsinnig." Sollte er sich doch abseilen? Aber unten stand nach wie vor ein weiteres Bandenmitglied.

Toto drückte die Klinge gegen das straff gespannte Seil. „Ups, die ersten Fasern sind schon durch", kommentierte er.

Wieder dieses Geräusch. Als würde etwas reißen. Fynn zitterte. Er hörte sich selbst atmen, schnell und laut. Ganz ruhig, redete er sich zu. Du musst jetzt ruhig bleiben. Doch seine Panik wuchs und nahm ihm die Luft. Fynn schüttelte sich, als könne er die Furcht dadurch loswerden. Er begann, sich am Seil hochzuziehen. Lieber zurück zu Toto, als in die Tiefe zu stürzen. Fynns Hände waren nass, er rutschte ab und griff in den Magnesiabeutel.

„Bleib, wo du bist, sonst kappe ich das Seil!", kam es von oben.

Fynn hielt inne. Er keuchte.

„Ich frage dich nicht mehr oft", rief Toto zu ihm herunter. „Machst du den Bruch bei deinem Vater oder nicht?"

Fynn starrte auf seine Fingerknöchel, die wieder zu bluten begonnen hatten. Dann nickte er kaum merklich.

13.

Marc bremste den Wagen kurz vor der Fußgängerzone ab. Es war jetzt 23 Uhr.

Toto machte eine Kopfbewegung und Fynn stieg aus. Er sah den roten Rücklichtern des Wagens nach. Doch nach hundert Metern stoppte das Fahrzeug wieder.

Die lassen mich nicht aus den Augen, dachte Fynn.

Wie befohlen ging er mit seinem Rucksack los. Nach einigen Schritten wuchs in ihm das Verlangen, sich umzudrehen.

Aber das war nicht nötig. Er wusste auch so, dass Toto und seine Freunde da waren. Sie würden ihn beobachten und auf ihn warten.

Fynn bog in die Fußgängerzone ein. Hinter dem Brunnen tauchte der alte Backsteinbau auf, in dem das Geschäft seines Vaters untergebracht war. Fynns Schritte wurden langsamer, er blieb stehen.

Er sah sich als Kind, genau an diesem Brunnen. Wie oft hatte er hier zu laufen begonnen, voller Neugier und Vorfreude. Einmal hatte ihn sein Vater mit zur Kasse genommen. Dort hatte er den Fünfjährigen auf seinen

Schoß gesetzt. Fynn hatte das Geld der Kunden nehmen und in die verschiedenen Fächer der Kasse legen dürfen. Auch das Wechselgeld hatte er herausgegeben, mit vor Stolz und Eifer glühenden Wangen. Er hatte den Klang der Kasse noch im Ohr – jedes Mal, wenn die Lade mit den Geldfächern aufschwang, hatte es einen hellen Glockenton gegeben.

Und jetzt kam Fynn wieder. Er würde erneut zur Kasse gehen und hineingreifen, doch diesmal, um zu stehlen.

Fynn setzte seinen Weg fort. Ihm war flau im Magen. Aber er mahnte sich zur Ruhe. Er musste die Sache durchziehen – er hatte keine andere Wahl.

In der Hosentasche fühlte er seinen Schlüsselbund mit dem Schlüssel, der zur Tür des Geschäftes passte. Doch den würde er nicht benutzen. Ohne richtige Einbruchsspuren hätte die Polizei leichtes Spiel bei der Suche nach dem Täter. Sie brauchten nur alle die zu verhören, die einen Schlüssel besaßen. Früher oder später würden die Beamten auch Fynn vernehmen.

Vernehmung. Fynn fiel wieder das Schülergericht ein. Wenn er vorhin Lena erreicht hätte, hätten sie sich vielleicht noch getroffen und das alles wäre nicht passiert. Was würde Lena jetzt an seiner Stelle tun? Fynn schob den Gedanken beiseite. Lena war nicht da. Er war allein, so wie eigentlich immer. Aber das stimmte nicht ganz, korrigierte sich Fynn düster. Vier Schatten waren in seinem Rücken.

Fynn hatte vor, von hinten in das Gebäude einzudringen. Er ging an der Auslage des Geschäftes vorbei und bog in die Gasse ein, die zur Rückseite des Hauses führte. Als er den Hof betrat, drehte er sich doch um. Er meinte, einen Schatten in einen Hauseingang huschen zu sehen, aber er war sich nicht sicher. Es spielte auch keine Rolle. Die Bande war da, daran gab es keinen Zweifel.

Fynn sah hoch zum zweiten Stock des Gebäudes. Dort lagen die Büros der Firma. Ein langer Balkon zog sich vor der Fensterfront entlang. Hier legten die Mitarbeiter ab und an eine Zigarettenpause ein. Fynn wusste, dass es im zweiten Stock im Gegensatz zum Erdgeschoss keine Alarmanlage gab. In der Dunkelheit starrte er zu den Fenstern hinauf. Alle waren geschlossen. Halt! Ganz rechts war ein Fenster gekippt. Das Fenster der Toilette. Fynn spürte fast so etwas wie Erleichterung. Noch ein Blick zurück. Niemand zu sehen. Behände sprang Fynn auf eine Mülltonne, packte das Rohr der Regenrinne und zog sich daran hoch. Er erreichte den Balkon und schwang sich über das Geländer. Auf allen vieren arbeitete er sich bis zu dem gekippten Fenster vor. Ohne groß nachzudenken, zog Fynn Marcs Brecheisen aus dem Rucksack und setzte es am Toilettenfenster an. Ein energischer Ruck, ein Krachen – nichts tat sich. Was für ein Lärm! Fynn glaubte, dass die halbe Stadt davon aufgeschreckt sein müsste. Er kauerte sich auf dem Balkon zusammen und wartete eine Minute. Aber nichts geschah – kein Sirenengeheul, kein Blaulicht. Offenbar hatte man ihn nicht bemerkt. Oder etwa doch? Gab es jemanden hinter einem dunklen Fenster, der ihn beobachtete und der die Polizei gerufen hatte, die jetzt leise anrückte, um den Täter auf frischer Tat zu ertappen?

Fynn ließ noch eine Minute verstreichen. Erst dann wagte er einen zweiten Versuch. Er stemmte das Brecheisen mit seinem ganzen Körpergewicht unter den Rahmen und hebelte ihn nach oben. Und diesmal klappte es: Das Fenster fiel nach innen. Fynn wartete angsterfüllt auf das Splittern von Glas, aber es blieb aus. Er blickte in die finstere Höhle, die sich vor ihm auftat. Das Fenster war auf den Toilettensitz gefallen und von dort auf eine Matte gerutscht. Fynn hatte Glück gehabt. Er kletterte in den kleinen Raum, durchquerte ihn mit schnellen Schritten, erreichte den Flur und lief die Treppe hinunter.

Die Verkaufsräume lagen im Halbdunkel. Nur von der Straße fiel etwas Licht in die Auslage. Fynn sah sich um. Links lag der Raum, in dem die Kundschaft die Boxen ausprobieren konnte. Wo er als Kind stundenlang der Musik gelauscht hatte. Daneben standen die Stereoanlagen und ein Stück weiter erstreckte sich eine Wand von Fernsehern bis zur Decke. Dort hatte Fynn zum ersten Mal *Tom und Jerry* gesehen. Jetzt waren die Bildschirme schwarz und leer. Fynn wandte sich ab. Sein Mund war trocken. Ihm war heiß und er fror zugleich, als hätte er Fieber.

Im fahlen Schein, der durch die Fensterfront hereindrang, lag die Handyabteilung vor Fynn. Die Telefone waren in einer Glasvitrine eingeschlossen. Fynn packte das Brecheisen, ließ es dann aber wieder sinken. Lieber nicht, das machte zu viel Krach. Doch Toto wollte die Handys. Vielleicht konnte er ihn mit Geld abspeisen. Fynn schlich zu den beiden Kassen. Diese standen nah beim Ausgang und wurden vom kalten Licht der Straßenlaternen beleuchtet. Plötzlich kam es Fynn so vor, als hätte jemand einen starken Scheinwerfer genau auf die Kassen gerichtet. Es wirkte dort gefährlich hell. Fynn ging in die Hocke, krabbelte zur Auslage, spähte aus dem Schaufenster. Die Straße schien verlassen.

Vorsichtig stand Fynn auf und schlich zurück; er wollte es hinter sich bringen und nicht mehr länger zögern, sonst würde er es nie schaffen. Er drückte auf den Tasten der Kasse herum, aber die Lade schwang nicht auf. Siedend heiß fiel ihm ein, dass er jede Menge Fingerabdrücke hinterließ. Hektisch wischte er mit dem Ärmel seines Sweatshirts auf der Tastatur herum. Er zog ein Taschentuch aus seinem Rucksack, wickelte es um den Zeigefinger seiner rechten Hand und drückte erneut die Tasten, jetzt mit System, aber dennoch ohne Erfolg.

Mist!, durchzuckte es Fynn. Hatte sein Vater nicht erst vor Kurzem das Sicherheitssystem der Kasse verbessert? Keine Handys *und* kein Geld – so brauchte er Toto nicht unter die Augen zu treten. Und der wartete schon auf ihn, irgendwo da draußen in der Dunkelheit. Panik stieg in Fynn auf. Was jetzt? Das Brecheisen? Einen Versuch war es wert. Er packte die Stange und setzte sie an der Kasse an. Ein Splittern folgte, die Lade sprang auf, Fynn griff hinein – leer! Mit zitternden Fingern untersuchte er die Fächer noch einmal. Nichts, kein Cent! Das Taschentuch fiel ihm aus der Hand. Fynn hob es auf und steckte es in die Hosentasche. Gleich darauf zog er es wieder hervor, um damit seine Hand zu umwickeln.

Bring Toto etwas mit, dachte Fynn. Irgendetwas. Er riss ein paar Discmen aus einem Regal und stopfte sie in den Rucksack. Dann einen Stapel CDs. Aber das reichte nicht! Die Handys, darauf war Toto scharf. Oder sollte er lieber *Triple* sagen? Fynn überlegte fieberhaft. Nein, er hatte keine andere Wahl. Mit beiden Händen packte Fynn das Brecheisen und schlug mit voller Wucht in die Vitrine. Der Krach war ohrenbetäubend, es regnete Glas. Fynn griff zu und raffte die Handys zusammen. Scharf durchfuhr ihn der Schmerz, als er sich an einer Scheibe schnitt. Blut tropfte aus seiner rechten Hand auf die Glasböden der Vitrine. Hektisch wischte er die Flecken weg und presste das Taschentuch auf die Wunde. Er durfte keine Spuren hinterlassen. Mit der linken Hand machte er weiter. Mein Gott, das dauerte alles viel zu lange! Wie viele Handys hatte er? Zehn, zwölf? War das genug? Egal, es musste reichen. Er schulterte den Rucksack, drehte sich um, wollte zur Treppe.

Was war das? Ein Schemen an der Fensterscheibe. Fynn starrte ihn an. Und es schien ihm, als starre der Schemen zurück. Fynn stand wie angewurzelt da. Der Schemen machte einen Schritt zur Seite. Licht fiel auf sein Gesicht. Ein Mann mit Bart. Jetzt zog er etwas aus der Jacke hervor und hielt es an sein Ohr.

Der ruft die Polizei, durchfuhr es Fynn. Er rannte los, den Rucksack in der Hand. Kurz vor der Treppe stolperte er über den gusseisernen Fuß eines Ständers und stürzte. Ein heftiger Schmerz jagte in Fynns Knie, doch er rappelte sich gleich wieder hoch. Mit verzerrtem Gesicht humpelte er mühsam die Treppe hinauf. Das muss schneller gehen! Mach schon, Fynn, beeil dich, befahl er sich. Jeder Schritt wurde zur Qual. Endlich erreichte er den zweiten Stock. Er rannte den Flur entlang, in die Toilette und kletterte durchs Fenster. Auf dem Balkon hörte er es: Sirenen. Noch waren sie ganz schwach, ein gutes Stück entfernt. Aber sie kamen rasch näher. Das schrille Geräusch lähmte Fynn. Plötzlich hatte er den Wunsch, hier einfach sitzen zu bleiben. Sollten sie ihn doch festnehmen. Dann wäre alles vorüber, er könnte reinen Tisch machen. Vielleicht würden seine Eltern ihn sogar verstehen.

Aber was war mit der Bande? Toto würde ihn jagen. Früher oder später würden Toto und Triple ihn erwischen. Fynn schulterte den Rucksack, der ihm mit einem Mal tonnenschwer vorkam. Er stieg über die Brüstung des Balkons. Seine Füße suchten nach einem Halt an der Regenrinne. Dann klammerte sich Fynn an das Rohr und kletterte hinab. Das Sirengeheul war jetzt in nächster Nähe. Fynn ließ sich fallen. Das verletzte Knie knickte ein und er schlug auf dem Boden auf. Der Rucksack öffnete sich, Discmen und Handys schleuderten über das Pflaster. Fynn sammelte einen Teil der Beute ein, bis ihm plötzlich klar wurde, dass er keine Zeit zu verlieren hatte. Als er in die Gasse humpelte, sah er Blaulichter zucken. Fynn blickte sich gehetzt um und rannte in die andere Richtung. Hinter einem Mauervorsprung fand er Deckung. Ein Polizeiwagen rauschte an ihm vorbei und bog in den Hof ein.

Jetzt haben sie mich gleich. Es ist nur noch eine Sache von Sekunden … Mit seinem Bein würde er nicht weit kommen. Und im Rucksack hatte er immer noch einen Teil der Beute. Er musste sie loswerden, dann konnten ihm die Beamten vermutlich gar nichts anhaben. Aber dann hatte er nichts für Toto. Fynn spähte vorsichtig um die Ecke. Der Polizeiwagen war nicht zu sehen – und auch keine Polizisten. Wahrscheinlich untersuchten die Beamten gerade den Tatort. Das war Fynns Chance. Er lief los, so schnell er mit seinem verletzten Bein nur konnte.

Doch er kam nicht weit. Zwei Straßen weiter warteten sie. Toto, Marc und die beiden anderen.

„Du Idiot!", herrschte ihn Toto an. „Die Bullen sind hier."

„Ich weiß", entgegnete Fynn knapp. Er warf Toto den Rucksack zu. „Hier hast du das Zeug."

Toto warf einen Blick in den Rucksack.

„Vier Handys und zwei billige Discmen – das ist nicht dein Ernst, oder?"

„Was willst du denn noch?", verteidigte sich Fynn müde.

Toto kam auf ihn zu und packte ihn an den Schultern: „Ich will, dass du deine Aufgaben vernünftig erledigst. Was soll ich mit dem Müll? Triple wird toben!"

„Mehr ging nicht", gab Fynn zurück. „Lass mich in Ruhe!"

Totos Augen wurden schmal. „Das kannst du vergessen. Du hast doch einen Schlüssel für den Laden von deinem Alten. Los, gib ihn mir. Dann erledigen *wir* den Job, aber diesmal richtig!"

„Kommt nicht infrage. Da würde der Verdacht direkt auf mich fallen."

„Dein Problem."

„Irrtum. Wenn sie mich schnappen, werde ich der Polizei deinen Namen nennen." Fynns Anflug von Mut überraschte sogar ihn selbst.

Toto machte einen Schritt zurück und musterte Fynn von oben bis unten: „Du willst mir drohen? Das ist doch nicht dein Ernst." Er wandte sich zu seinen Freunden und gab ihnen ein Zeichen. Die Bande kreiste Fynn ein.

„Ich glaube, unser Freund braucht mal wieder eine kleine Gedächtnisauffrischung", sagte Toto.

In diesem Moment tasteten sich Scheinwerfer in die Straße. Fynn erkannte, dass es ein Polizeiwagen war. Offenbar suchten die Beamten nun die Umgebung des Tatorts ab. Sofort ließ Marc die Eisenstange unter seiner Jacke verschwinden. Toto nahm den Rucksack und kommandierte: „Jeder in eine andere Richtung!"

Die vier rannten los. Nur Fynn blieb zurück. Mit seinem verletzten Knie hätte er ohnehin keine Chance gehabt. Jetzt hatten sie ihn, jetzt war alles vorbei. Andererseits waren die Polizisten seine Rettung. Und den verräterischen Rucksack hatte nun Toto …

Die Streifenbesatzung machte keine Anstalten, die Fliehenden zu verfolgen, die schnell über Mauern und durch enge Gassen verschwunden waren. Stattdessen hielt der Wagen neben Fynn. Die Beifahrerscheibe wurde heruntergedreht. Ein Beamter fragte Fynn nach dem Ausweis. Fynn zog ihn mit seiner unverletzten Hand hervor und gab sich Mühe, nicht zu zittern. Der Polizist sah Fynn kurz ins Gesicht und nickte. Dann fragte er: „Was treibst du dich um diese Zeit noch hier rum?"

„Ich bin auf dem Heimweg", sagte Fynn schnell.

„Soso, auf dem Heimweg. Das soll ich dir glauben?"

„Lass ihn doch in Ruhe", meinte in diesem Moment der andere Polizist. „Wir sollten lieber die anderen Typen suchen. Die sind nicht umsonst abgehauen!"

„Nein, die sind ohnehin über alle Berge." Er wandte sich wieder an Fynn: „Kennst du die vier?"

Fynn überlegte einen Moment. Dann erwiderte er: „Nein, tut mir leid."

„Was wollten die von dir?"

„Feuer. Sie haben mich gefragt, ob ich Feuer habe", log Fynn.

Die Antwort schien den Polizisten nicht zufriedenzustellen.

„Noch nie gesehen?", hakte er nach.

„Nein, wirklich nicht. Ich schwöre es Ihnen. Was ist denn passiert?"

„Es hat einen Einbruch gegeben. Und ich habe ziemlich große Lust, dich mit aufs Revier zu nehmen. Deine Erklärungen klingen mir etwas fadenscheinig."

„Aber ich ...", setzte Fynn an.

Im Funkgerät knisterte es. Der andere Polizist am Steuer sagte etwas, das Fynn diesmal nicht verstehen konnte. Die Scheibe wurde hochgedreht und der Wagen setzte sich in Bewegung. Fynn atmete auf. Er sah dem Auto noch kurz nach, dann machte er sich auf den Weg zum Fitnessstudio, um sein Fahrrad zu holen. Doch nach ein paar Minuten fiel ihm ein, dass dort womöglich Toto lauerte. Also plante Fynn um – er ging direkt nach Hause. Zum Glück waren seine Eltern heute Abend beim Kegeln und vermutlich selbst noch nicht daheim. Fynn lief durch die Dunkelheit. Am Anfang hatte sein Knie bei jedem Schritt heftig geschmerzt. Doch nun nahm er alles nur noch wie durch einen Schleier wahr und setzte mechanisch einen Fuß vor den anderen. Er fühlte sich nur noch müde.

Kurz vor Mitternacht kam Fynn in der Straße mit den gepflegten Vorgärten an. Er wollte nur noch eine

Dusche, einen Eisbeutel für sein Knie und dann ins Bett. Erst in letzter Sekunde bemerkte er Marcs Wagen, der schräg gegenüber von Fynns Haus geparkt war. Fynn schluckte. Das konnte doch nicht wahr sein! Jetzt bewachten sie sogar das Haus! Unmöglich, unerkannt hineinzugelangen. Schnell ging Fynn hinter einem Lieferwagen in Deckung. Saß überhaupt jemand in Marcs Auto? Während Fynn das Auto nicht aus den Augen ließ, zogen sich die Minuten, wie ihm schien, endlos lange dahin. Dann glimmte im Wagen eine Zigarette auf.

Hört das denn nie auf?, dachte Fynn verzweifelt. Er ließ den Kopf gegen das kalte Blech des Lieferwagens sinken. Vielleicht hätte er sich vorhin den Polizisten anvertrauen sollen. Aber das wäre keine Lösung gewesen. Die Geschichte von Triple als Auftraggeber hätte man ihm nicht abgekauft. Er brauchte Beweise. Also, was jetzt? Es gab eigentlich nur noch *einen* Menschen, dem er vertrauen konnte und der jetzt vielleicht für ihn da war – *vielleicht*. Fynn warf einen Blick auf die Armbanduhr. Es war zehn Minuten vor zwölf. Er tippte Lenas Nummer ein.

14.

"Fynn? Bist du verrückt? Ich habe schon geschlafen!"

"Tut mir leid. Ich … es ist etwas passiert …", flüsterte Fynn.

"Hat das nicht Zeit bis morgen? Du bist eine echte Nervensäge!" Aber jetzt war es auch schon egal. Lena war hellwach. Etwas in Fynns Stimme hatte sie beunruhigt. "Also, gut", lenkte sie ein. "Was ist los?"

Fynn begann zu erzählen. Er berichtete vom Überfall im Fitnessstudio, vom Einbruch und von dem Auto vor seinem Haus. Aber er erwähnte keine Namen.

Lena glaubte ihren Ohren nicht zu trauen.

"Komm sofort her", entschied sie. "Hier bist du sicher. Soll ich dich abholen?"

"Nein, das geht schon. Bis gleich – danke."

Lena zog das Nachthemd über den Kopf und schlüpfte in Jeans und Pulli. Wie konnte sie Fynn ins Haus schleusen, ohne dass ihre Eltern etwas davon mitbekamen? Die beiden waren zwar auch schon zu Bett gegangen, aber ihre Mutter hatte einen leichten Schlaf und die

Haustür quietschte immer. Lena beschloss, Fynn draußen abzufangen und über die Kellertreppe ins Haus zu lassen.

Lena setzte sich vor der Haustür auf die Treppe und stützte das Kinn in die Hände. Ihre Gedanken kreisten um Fynn. Durfte sie seine Geschichte glauben? Es kam ihr alles vor wie in einem bösen Traum. Besonders erschreckend fand sie die Szene im Studio. Fynn hatte in Lebensgefahr geschwebt. Aber er hatte ihr die Namen der Täter wieder nicht genannt. Mein Gott, was musste er für eine Angst haben. Andererseits ärgerte es Lena. Wenn Fynn ihr mehr vertrauen würde, könnten sie die Bande vielleicht zerschlagen. Oder gab es diese Gruppe doch nur in seiner Fantasie, wie Micha vermutete?

Micha. Was er jetzt wohl machte? Hatte er eine Neue, vielleicht die Tussi aus dem BMW? Im Geiste machte Lena einen großen, dicken Haken auf Michas Stirn. Aus, vorbei. Oder auch nicht, zumindest konnte sie ihn nicht ganz aus ihren Gedanken verbannen. Denn wer war Triple? Sollte wirklich Micha dahinterstecken, zusammen mit dem immer freundlichen, gut gelaunten Jan? Ihre Überlegungen wurden durch Schritte unterbrochen. Sie blickte auf und sah Fynn.

Als er näher kam, erschrak sie. Er hinkte. Um seine rechte Hand hatte er ein Taschentuch gewickelt. Es war blutdurchtränkt. Fynn war offensichtlich am Ende seiner Kräfte. Er sah sie an, leer und völlig erledigt.

Und dann tat Lena etwas, das sie selbst überraschte: Sie nahm Fynn in den Arm und drückte ihn an sich. Zögernd, als könne er das nur langsam begreifen, erwiderte er ihre Umarmung.

„Komm rein", flüsterte Lena. Sie nahm ihn an der Hand, führte ihn ums Haus herum und die Treppe hinunter. Durch den Keller gelangten sie ins Erdgeschoss und in ihr Zimmer. Dort schob Lena Fynn in den Schaukelstuhl. Sie kniete sich neben ihn und untersuchte seine Hand. Es war nur eine oberflächliche Verletzung.

Lena holte Verbandszeug aus dem Badezimmer und verarztete Fynn, so gut sie es konnte. Als sie fertig war, setzte sie sich aufs Bett und sah ihn lange an.

„Pass auf, Fynn", sagte sie schließlich. „Ich will dir helfen. Aber das geht nur, wenn du mir die Wahrheit sagst. Du kannst mir nicht nur Bruchstücke servieren und erwarten, dass ich mich damit zufriedengebe. Entweder du vertraust mir ganz – oder gar nicht. Falls nicht, muss ich dich bitten wieder zu gehen."

Fynn fixierte seine Fußspitzen.

Lena ahnte, dass er mit sich rang. Wenn es das Ziel der Bande gewesen sein sollte, Fynn fertigzumachen, so war ihr das wahrhaftig gelungen.

„Ich habe dir doch alles erzählt", wich Fynn aus.

„Nein, hast du nicht. Du hast keine Namen genannt. Wer hat dich im Studio überfallen? Verrate mir endlich die Namen!"

Ein paar Minuten verstrichen. Lena beobachtete, wie Fynns Blick nervös durch ihr Zimmer wanderte. Vielleicht ist die Bande diesmal zu weit gegangen, überlegte sie. Vielleicht ist Fynn jetzt derart verzweifelt, dass er nicht mehr allein damit fertig werden kann und sich endlich jemandem anvertraut.

„Toto", sagte Fynn plötzlich. „Toto war es."

Lena stieß hörbar die Luft aus. Toto! Sie hatte es geahnt, seit sie auf dem Schulhof beobachtet hatte, dass Toto Geld von Fynn einsteckte. „Und wer noch?"

„Marc. Und noch zwei andere. Der eine heißt Sören, glaube ich, den anderen kannte ich nicht."

„Marc ist der mit dem Auto?"

Fynn nickte. „Ja, er ist schon 18."

„Aber Toto ist der Anführer?"

„Ja."

„Dann ist Toto Triple", schloss Lena daraus.

„Nein, das glaube ich nicht. Toto ist die rechte Hand von Triple. Toto führt nur Marc, Sören und den anderen Typen."

„Was macht dich da so sicher?", wollte Lena wissen.

„Triple ist schlauer als Toto. Toto ist nur brutal. Aber er ist nicht so clever. Ich denke nicht, dass er in der Lage wäre, die richtigen Opfer für Erpressungen aus der Masse herauszufiltern."

„So wie dich."

„Ja. Dazu gehört mehr … Menschenkenntnis zum Beispiel."

Lena verfiel in Schweigen. Menschenkenntnis besaß Micha schon. Er konnte gut auf andere zugehen. Es kam nicht von ungefähr, dass er zum Stufensprecher gewählt worden war. Und er gab auch gern den Ton an.

„Triple hat mich gezielt ausgesucht", fuhr Fynn fort. „Und mit der Zeit hat er immer mehr Macht über mich gewonnen … schließlich hat er mich sogar dazu gebracht, selber kriminell zu werden. Ich weiß, das hört sich an, als wollte ich die Schuld komplett auf ihn schieben, aber so ähnlich war es."

„Wie ging es los?"

„Willst du das wirklich wissen? Das ist eine lange Geschichte."

„Egal. Ich habe Zeit."

Und Fynn erzählte. Er begann mit dem Abend im Freibad, als er für Toto und die anderen Pommes frites und Getränke holen musste. Er berichtete, wie sie ihn später zusammengeschlagen und jeden Freitag abkassiert hatten. Es war, als hätte Fynn die ganze Zeit nur darauf gewartet, endlich mit jemandem reden zu können. Er beschönigte nichts, ließ nichts aus, gestand die regelmäßigen Diebstähle bei seinen Eltern genauso wie den Handtaschenraub am Friedhof und den Einbruch in dieser Nacht.

Lena hörte ihm schweigend zu. Als er fertig war, fragte sie ihn: „Hast du einen Verdacht, wer Triple ist?"

„Ja und nein." Fynn zögerte. „Wenn ich davon ausgehe, dass Triple ein Menschenkenner ist, dann fällt mir nur ein besonders guter ein – nämlich Thöne."

Lena lächelte. „Der Gedanke hat etwas, das gebe ich zu. Aber für mich kommt Thöne nicht ernsthaft als Täter infrage. Ich habe einen anderen Verdacht: Micha."

Fynn beugte sich interessiert vor. „Wie kommst du denn auf den? Er ist doch dein Freund."

„War", korrigierte ihn Lena. Und dann erzählte sie von ihren Beobachtungen und Vermutungen. „Aber leider haben wir nichts in der Hand", seufzte sie. „Weder gegen Thöne noch gegen Micha. Auch gegen Jan liegt uns nichts vor."

„Dann müssen wir eben nach Beweisen suchen. Wir brauchen eine Spur, einen Anhaltspunkt", schlug Fynn vor. „Über Thöne könnten wir relativ leicht etwas finden. Zum Beispiel im Internet. Vielleicht ist er ja vorbestraft oder so und irgendein Journalist hat das mal recherchiert."

„Deine Fantasie geht mit dir durch", kommentierte Lena trocken. „Außerdem finde ich eine andere Frage jetzt viel wichtiger: Was wird aus dir?"

Fynn sah sie ratlos an.

„Willst du nicht doch lieber zur Polizei gehen?"

„Nein, Lena. Niemand wird mir glauben."

Lena kaute auf ihrer Unterlippe. Fynn hatte nicht ganz unrecht. Sie warf einen Blick auf die Uhr. Es war bald eins.

„Vermissen dich deine Eltern eigentlich nicht?", fragte sie.

„Die sind beim Kegeln."

„Aber irgendwann werden sie heimkommen und sich Sorgen machen … Du musst nach Hause!"

Fynn schüttelte den Kopf: „Denk an die Faustbande!"

„Natürlich tue ich das, Fynn. Pass auf: Du rufst deine Eltern jetzt an und erzählst ihnen alles. Sie werden dich hier abholen, und dann geht ihr gemeinsam nach Hause. Niemand wird euch aufhalten."

„Ich kann das nicht", sagte er leise.

„Was?"

„Ich kann es meinen Eltern nicht sagen. Das bringe ich nicht, jedenfalls *noch* nicht. Wenn sie erfahren, dass ich in ihr Geschäft eingebrochen bin, dann …"

„Was dann, Fynn?"

„Ich kann es nicht", beharrte er. „Bitte versteh das doch."

Lena sah den Blick in seinen Augen. Sie konnte Fynn verstehen. Er saß in der Falle und war ziemlich am Ende. Was für ein Unterschied zu dem Fynn, den sie in der Kletterwand beobachtet hatte. Dem zielstrebigen, geschickten Freeclimber, den kein noch so schroffer Fels aufhalten konnte. Lena kniete sich vor den Schaukelstuhl und legte ihre Hände auf Fynns Knie.

„Ich sage dir, was wir jetzt machen: Ich rufe ein Taxi und wir fahren zusammen zu dir nach Hause. Wenn deine Eltern da sind, sagen wir ihnen einfach, dass wir im Kino waren."

„Was ist mit meiner Hand?"

„Stell dich doch nicht so ungeschickt an!", rief Lena. „Erzähl deinen Eltern, dass du dich irgendwo geschnitten hast oder so – lass dir was einfallen!"

„Okay, ist ja gut."

„Und wenn deine Eltern nicht da sind, dann gehe ich mit dir zusammen ins Haus. Der Taxifahrer kann ja warten, bis wir sicher drin sind. Was meinst du?"

Fynn nickte.

„Und morgen kümmern wir uns um zwei Dinge: Erstens starten wir unsere Recherchen über Thöne im Internet. Das können wir hier bei mir erledigen. Zweitens, und das ist wichtiger, werden wir unsere Strategie für den Prozess überdenken. Dabei könnte uns Nadine helfen, auch wenn sie die Richterin ist. Sie hat viele gute Fachbücher und außerdem ist ihr Vater Anwalt. Vielleicht kann er uns ein paar Tipps geben. Was meinst du?"

„Hast du zufällig auch noch eine Idee, wie ich mich morgen vor Toto verstecken kann?"

Toto – den hatte Lena vergessen. Sie sah Fynn nachdenklich an. „Eines ist klar", sagte sie schließlich. „In die Schule kannst du morgen nicht gehen. Das ist zu gefährlich. Mir fällt nichts Besseres ein, als dass du den Kranken mimst und zu Hause im Bett bleibst. Und mittags musst du dann eben schlagartig gesund werden, um zu mir zu kommen."

„Das nimmt mir meine Mutter nie im Leben ab", gab Fynn zu bedenken.

„Hast du eine bessere Idee?", gab Lena zurück. Sie griff zum Handy und wählte die Nummer eines Taxiunternehmens.

Triple war ungehalten. So gut wie alles war schiefgelaufen. Fynn hatte sich bei dem Einbruch dilettantisch verhalten. Nun gut, das war vielleicht zu erwarten gewesen. Ihm fehlten für eine solche Aktion die Nerven. Schlimmer wog da schon Totos Versagen. Er hatte Fynn begleiten sollen, ihn führen sollen. Doch was tat Toto? Er schlich Fynn hinterher und bewachte ihn lediglich. Um ein Haar hätte die Polizei Toto und die drei anderen erwischt. Mit Fynn hatten die Polizisten jedoch gesprochen, hatte Toto später berichtet.

Was hatte Fynn ihnen gesagt? Hatte er sich selbst belastet und den Einbruch zugegeben? Oder hatte er Namen genannt? Wohl nicht. Denn dann hätten sie ihn aufs Revier mitgenommen, um seine Aussage zu protokollieren. Wahrscheinlicher war es, dass Fynn versucht hatte, seine Haut zu retten. Und das war ihm offenbar gelungen. Zumindest bei der Polizei. Denn die Sache war noch nicht ausgestanden. Toto würde den Schlüssel von diesem Geschäft bekommen, er würde ihn Fynn abnehmen. Nicht, weil die

Beute so gering gewesen war, sondern weil Triple klarstellen wollte, dass man keine Anweisung von Triple missachtete. Es ging ums Prinzip. In diesem Punkt kannte Triple keine Nachsicht.

Wenn Toto die Sache nicht wieder in den Sand setzte, würde er bestimmt davon ausgehen, dass sein kleiner Schnitzer damit vergessen war und auf Anerkennung hoffen. Doch die Reaktion würde ganz anders ausfallen, als Toto erwartete ... Womöglich könnte Marc Totos Aufgaben übernehmen. Marc war kein schlechter Kandidat. Er war zielstrebiger und konsequenter als Toto.

15.

Fynn hatte Glück. Seine Eltern kamen erst gegen zwei Uhr nachts nach Hause – eine Viertelstunde, nachdem er in sein Zimmer geschlüpft war. Vor der Haustür hatte immer noch Marcs Wagen gestanden, aber dank Lenas Hilfe war Fynn unbehelligt geblieben.

Um kurz nach zwei wurde Fynns Vater von der Polizei alarmiert. Er fuhr sofort ins Geschäft, um sich einen Überblick über den Schaden zu verschaffen. Währenddessen verkroch sich Fynn in seinem Bett. Er versuchte zu schlafen, wälzte sich aber nur unruhig hin und her. Die Tür seines Zimmers war angelehnt. Unten in der Küche hörte er seine Mutter auf und ab gehen. Schnelle, nervöse Schritte. Irgendwann kam sein Vater wieder. Er sagte etwas zu seiner Frau, das Fynn nicht verstand. Ihre Stimmen drangen gedämpft zu ihm herauf. Fynn starrte in die Dunkelheit.

Am nächsten Morgen war Fynns Gesicht kalkweiß, die Augen verquollen. Seine Mutter nahm ihm sogar ab, dass er eine Erkältung hatte und nicht zur Schule gehen konnte. Als sie ihm von dem Einbruch erzählte, mimte

Fynn Überraschung und Entsetzen. Sein Vater streckte seinen Kopf nur für eine Minute in Fynns Zimmer. Auch er berichtete vom Einbruch. Fynn brachte keinen Ton heraus, er war wie gelähmt. Verräter, ging es ihm durch den Kopf. *Verräter, Verräter, Verräter.* Dann ließen ihn die Eltern in seinem Zimmer allein.

So lag Fynn in seinem Bett, mit seiner verletzten Hand und dem schmerzenden Knie. An Training war in der nächsten Woche sicher nicht zu denken. Aber das war jetzt egal.

Der Einbruch hatte seinem Vater schwer zugesetzt – das war nicht zu übersehen gewesen. Dabei ging es nicht um den materiellen Schaden; den würde vermutlich die Versicherung übernehmen. Fynns Vater gehörte zu den Menschen, die einen Einbruch als Angriff auf ihre eigene Person sahen, auf das, was sie selbst geschaffen hatten. Wie würde er reagieren, wenn er wüsste, dass Fynn der Täter war? Fynn sehnte den Tag herbei, an dem er der Stadt endlich den Rücken kehren konnte.

Nur wenn er an Lena dachte, konnte Fynn wenigstens kurzzeitig auf andere Gedanken kommen. Einen Moment lang überlegte er sogar, ob sie sich in ihn verliebt hatte. Warum sonst sollte sie sich so für ihn engagieren? Fynn genoss die Vorstellung. Doch die Illusion war rasch zerstoben. Lena hing sicher noch an Micha. Außerdem gehörte sie zu den Frauen, die für Typen wie ihn unerreichbar waren.

Der Mittag rückte näher. Fynn stand auf und erzählte seiner Mutter, dass er sich schon viel besser fühlte. Sie glaubte ihm natürlich kein Wort, aber nach dem Einbruch hatte sie weder die Kraft noch die Zeit, sich länger damit zu beschäftigen. Fynn rief Lena an und verabredete sich mit ihr für 14 Uhr.

Weil er fürchtete, dass Toto und seine Kumpanen irgendwo versteckt vor dem Haus lauerten, wählte er den Weg durch den Garten, den seine Eltern als naturbelassen, die Nachbarn jedoch als verwildert bezeichneten. Im Schutze mächtiger Bäume und dichter Sträucher erreichte er das hintere Gartentürchen.

„Was machen deine Knochen?", begrüßte ihn Lena, als er in ihr Zimmer trat. Sie saß vor dem Computer.

„Alles okay", log er. „Bist du schon im Internet?"

„Ich will gerade anfangen. Setz dich doch." Lena wählte eine Suchmaschine aus.

„Warte mal", schlug Fynn vor. „Wollen wir nicht lieber im Archiv unserer Tageszeitung stöbern? Das soll doch so toll sein."

„Gute Idee!" Lena klinkte sich ins Archiv des Anzeigers ein und gab als Suchbegriff *Thöne* ein.

Einige Sekunden verstrichen. Dann erschien die Auswahl. Die beiden staunten – es waren über 20 Einträge.

Die meisten Berichte befassten sich mit dem Schülergericht. Thöne kam in diesen Artikeln meist nur am Rande vor. Er wurde zitiert oder als Erfinder des Gerichts genannt.

„Das wissen wir alles längst", meinte Lena.

„Nicht aufgeben", erwiderte Fynn. „Wir haben noch lange nicht alles gesehen."

Aus den Augenwinkeln bemerkte Fynn, wie Lena ihn überrascht von der Seite anblickte. Sie durchforsteten weiter Meldung für Meldung.

„He, schau mal, wer diesen Artikel geschrieben hat: ein gewisser Jan Schultze", rief Lena plötzlich. „Das ist doch unser Jan."

„Hast du gewusst, dass er für den Anzeiger schreibt?", fragte Fynn.

„Er hat mal so was erwähnt. Aber dass er etwas über Thöne verfasst hat, ist mir neu. Außerdem lese ich immer nur den Kultur- und den Sportteil. Alles andere interessiert mich nicht."

„Geht mir ähnlich", stimmte ihr Fynn zu. „Druck Jans Text doch mal aus." Eine Minute später beugten sich die beiden über den Bericht.

Der Artikel war richtig professionell geschrieben, fand Fynn. Er konzentrierte sich auf den Inhalt. Jan stellte Thöne als pädagogischen Pionier dar. Das war so weit nichts Neues. Neu war allerdings, dass Jan Schüler zu Wort kommen ließ, die das Gericht ausdrücklich lobten, die kritischen Stimmen, die es auch gab, hatte er völlig außen vor gelassen.

„Ganz schön einseitig", mäkelte Lena. „Ich gehöre ja nun auch zu den Fans des Gerichts, aber es ist doch allgemein bekannt, dass es ziemlich viele Gegner hat."

„Allerdings. Das Ganze ist reichlich umstritten", stimmte ihr Fynn zu. „Und Jan weiß das auch. Warum tut er das – ich meine, warum stellt er das Gericht ausschließlich positiv dar?"

Lena zuckte mit den Schultern und vertiefte sich wieder in den Bericht. Plötzlich deutete sie auf eine Textstelle. „Hier, das könnte die Erklärung sein." Sie begann, laut vorzulesen: „Tobias Thöne hat vor, die Verhandlungen ausführlich protokollieren zu lassen. Gedacht ist an Reportagen aus dem Gerichtsalltag. Als Verfasser dieser Texte wird er Schüler auswählen, um ihnen die Möglichkeit zu geben, aus ihrer Sicht – also aus der Sicht der Zuschauer oder sogar der Protagonisten – über das Gericht zu schreiben. So könne mehr Authentizität hergestellt werden."

Lena brach ab.

„Klar, dass einer dieser Berichterstatter unser Jan ist. Der will doch sowieso Journalist werden", meinte Fynn. „Lass uns den Text mal aufheben, der könnte uns noch nützlich sein."

„Du meinst, Jan und Thöne stecken unter einer Decke?", fragte Lena.

„Warum nicht? Der eine betreibt seine soziologischen, der andere seine journalistischen Studien. Zusammenpassen würde es."

„Klingt plausibel, bleibt aber eine nicht belegbare Behauptung", seufzte Lena. „Das scheint unser Problem zu sein. Wir haben den einen oder anderen guten Ansatz, aber es fehlen nach wie vor die Beweise. Ich hatte so gehofft, dass sich noch weitere Opfer außer dir melden. Aber es hat sich nichts getan."

Fynn zuckte mit den Achseln. „Da kann man nichts machen. Lass uns weitersuchen."

Lena öffnete die nächste Datei, die ebenfalls einen vielversprechenden Titel trug: *Tobias Thöne – Porträt eines Querdenkers*. Der Artikel befasste sich unter anderem mit dem Werdegang des Lehrers.

„He, Thöne war während seiner Studentenzeit Aktivist in der Hausbesetzerszene!", rief Fynn plötzlich. „Er wurde angeklagt wegen Bildung einer kriminellen Vereinigung, Hausfriedensbruch und schwerem Landfriedensbruch. Wahnsinn! Und heute ist er unser Lehrer!"

„Ja, weil er in allen Punkten freigesprochen wurde", ergänzte Lena, die bereits den nächsten Absatz quergelesen hatte. Sie druckte auch diesen Text aus.

Fynn lehnte sich in seinem Stuhl zurück und überlegte laut: „Kriminelle Vereinigung. Dann kennt sich Thöne also auf diesem Gebiet aus!"

Lena winkte ab. „Na und? Es bleibt doch, wie es war: Wir haben nach wie vor nichts Konkretes in der Hand." Sie stand auf und ging zum Fenster. „Konkret ist dagegen der Gerichtstermin", fuhr sie fort. „Und der steht morgen an. Ich glaube, wir brauchen Hilfe. Allein kommen wir nicht weiter."

Fynn kratzte sich am Hinterkopf. Lena hatte recht und irgendwie wurmte ihn das. Er hatte das Gefühl, nah dran zu sein an der Enttarnung von Triple.

„Lass uns zu Nadine fahren", schlug Lena vor. „Dort können wir Literatur wälzen und vielleicht ihren Vater um Rat bitten. Wir müssen einen Weg finden, wie wir morgen deine Verteidigung angehen. Es muss doch irgendetwas geben, das uns weiterhilft – vergleichbare Fälle." Noch während sie sprach, fuhr sie den Computer herunter.

„Ich glaube nicht, dass das was bringt", meinte Fynn enttäuscht. „In den schlauen Büchern werden wir nichts finden. Warum noch dieser Aufwand?"

„Gib doch nicht gleich auf, nur weil nicht alles so funktioniert, wie du es dir vorstellst!", meinte Lena mit einer Spur Ungeduld in der Stimme. „Du kannst doch kämpfen! Ich habe gesehen, wie du bei deinem verrückten Sport fighten kannst. Von mir aus stell dir den Prozess als den Mount Everest oder die Eigernordwand vor, die du bezwingen willst. Häng dich rein!"

Fynn spielte mit seinem Verband. Er hatte Lena nur eine Enttäuschung ersparen wollen. Denn je mehr sie an Zeit und Kraft investierte, umso schlimmer würde es sein, wenn all die Anstrengungen zu nichts führten.

„Solange wir noch nicht alle Möglichkeiten ausgeschöpft haben, werde ich jedenfalls nicht aufgeben", fuhr Lena fort. Ihr Ton wurde versöhnlicher: „Komm, gehen wir."

Fynn stand auf: „Okay. Aber sei nicht traurig, wenn es nichts bringt."

„Ich wäre nur dann traurig, wenn ich es nicht mal versucht hätte", gab sie zurück.

Nadine öffnete selbst. Ihre Miene verdüsterte sich sofort, als sie Fynn erblickte. Sie lehnte mit verschränkten Armen in der Tür. „Was willst du denn mit *dem* hier?", fragte sie.

Fynn sah an ihr vorbei, fixierte irgendeinen Punkt im Flur. Er hatte nicht erwartet freundlich aufgenommen zu werden.

„Er ist ja schließlich so was wie mein Mandant", erwiderte Lena freundlich. „Und als solcher braucht er Hilfe. Ich dachte, dass du uns ein wenig unterstützen kannst."

„Ich? Warum sollte ich das tun?"

„Weil du meine Freundin bist", gab Lena zurück. „Und weil du schlaue Bücher und einen schlauen Vater hast."

„Mein Vater ist weg", wich Nadine aus.

Lena deutete auf einen dunklen Mercedes in der Garageneinfahrt.

„Sein Auto steht aber da", sagte sie.

„Wird das ein Verhör? Wenn ich sage, dass er nicht da ist, dann ist er nicht da", kam es von Nadine gereizt zurück.

„Okay, okay", lenkte Lena ein. „Jetzt sei doch nicht gleich so genervt. Aber vielleicht haben wir ja später die Gelegenheit, mit ihm –"

„Das glaube ich nicht. Mein Vater hat viel um die Ohren. Jede Menge Termine. Außerdem arbeitet er eigentlich nur gegen Honorar."

Lena verlor ihre Freundlichkeit: „Sag mal, spinnst du? Fynn hat ein echtes Problem und wir können ihm helfen. Und da redest du von Honorar?"

„Fynns Probleme sind nicht meine und schon gar nicht die meines Vaters."

„Es geht hier um ziemlich viel, verdammt noch mal!", rief Lena. „Dürfen wir jetzt reinkommen und wenigstens einen Blick in deine Bücher werfen? Oder haben die heute auch keine Zeit für uns?"

Fynn spürte, dass Nadine mit sich rang. Dann trat sie widerwillig einen Schritt zur Seite und ließ sie hinein. Sie führte die beiden in ihr Wohn- und Arbeitszimmer, ohne Fynn auch nur eines Blickes zu würdigen.

Fynn, der die ganze Zeit über geschwiegen hatte, wunderte sich über Nadines Verhalten. Sie und Lena waren doch die besten Freundinnen. Wieso benahm sie sich also so abweisend? Es musste an ihm liegen. Einen Moment lang wünschte er sich ganz intensiv, dass Triple einmal Nadine ins Visier nehmen und sie erpressen würde, damit sie diese Angst verstehen lernte, die zu Fynns ständigem Begleiter geworden war. Aber Nadine konnte er sich nicht in der Opferrolle vorstellen. Triple würde sich nie jemanden wie sie aussuchen. Nadine war selbstbewusst und beliebt, sie war kein geborenes Opfer, wie Fynn.

„Viel Zeit kann ich euch nicht geben. Ich muss gleich weg. Ich bin mit Jan verabredet." Nadine machte eine kleine Pause, um dann zu ergänzen: „Und übrigens auch mit Micha, falls es dich interessiert, Lena."

Fynn sah, dass Lena kurz die Augen schloss. Als habe ihr die Erwähnung dieses Namens einen Stich versetzt.

Sie mag ihn noch immer, dachte er. Ich habe keine Chance bei ihr.

„Nein, das interessiert mich im Moment nicht. Mich interessieren deine Bücher", gab Lena zurück.

„Ich halte das übrigens für keine gute Idee", sagte Nadine jetzt.

„Was?", fragte Lena, während sie Nadine demonstrativ den Rücken zukehrte und damit begann, eingehend die Titel der Bücher in dem Regal zu studieren.

„Na ja, ich bin morgen die Richterin. Und ich helfe euch. Bin ich dann nicht sogar – wie sagt man – *befangen*?"

„Meinst du das im Ernst?", wollte Lena wissen. Ihrer Stimme war deutlich anzuhören, dass sie Nadines Auftritt reichlich lächerlich fand.

„Allerdings", antwortete Nadine. „Du bist es doch, die diesen Prozess so fürchterlich ernst nimmt, obwohl die Fakten klar auf der Hand liegen. Warum sollte ich es dann nicht tun?"

„Wir werden es niemandem sagen, dass wir deine Literatur benutzt haben, Euer Ehren", beruhigte Lena sie. „Aber wenn du unbedingt willst, gehen wir und schauen uns in der Stadtbibliothek um."

„Nein, schon gut", lenkte Nadine ein. „Ich finde es zwar reichlich daneben, dass du mit dem Kerl da unangemeldet bei mir aufkreuzt, aber was tut man nicht alles für eine Freundin."

Hat sie das Letzte spöttisch gemeint?, überlegte Fynn. Auch die Art, wie sie Micha erwähnt hatte, gab ihm zu denken. Das war nicht nötig gewesen. Schon gar nicht in diesem Tonfall. Wollten sie Lena aus ihrem Freundeskreis ausschließen? Bildeten Nadine, Jan und Micha ein Trio, in dem Lena nichts mehr verloren hatte? So wirkte es auf Fynn. Und vermutlich war mal wieder er daran schuld. Erst die Trennung von Micha, und jetzt das.

„Ich geh mal kurz telefonieren", sagte Nadine. „Ihr braucht mich ja nicht."

„Danke, ist schon okay", gab Lena geistesabwesend zurück. Sie zog einen Band aus dem Regal.

Fynn sah sich unschlüssig um, als Nadine verschwunden war. Er verspürte wenig Interesse, die juristischen Fachbücher zu wälzen. Nach wie vor glaubte er nicht, dass sie ihm morgen viel nutzen konnten.

Sein Blick fiel auf die Fotos von Nadine. Er trat näher heran. Sie war wirklich sehr fotogen – wie ein Model. In ihrem Blick lagen Herausforderung und Selbstsicherheit. Nein, an einen solchen Menschen würde sich Triple bestimmt nie heranwagen.

Fynn ging weiter. Nun stand er vor der Collage mit den Fotos von der letzten Stufenfete. Offenbar hatte

Nadine die Bilder kreuz und quer übereinander lose unter den Rahmen gelegt und dann mit der Glasscheibe fixiert. Fynn studierte die Aufnahmen einzeln. Micha, lachend mit einem Bierglas in der Hand. Jan mit Sonnenbrille und einer Zigarette im Mundwinkel, das Hemd bis zum Bauchnabel aufgeknöpft. Und da – da war auch Thöne, der an einer Säule lehnte. Er wirkte nachdenklich. Als beobachte er das Treiben. Ganz am Rand fand Fynn auch ein Gruppenbild, auf dem er selbst zu sehen war. Er stand etwas abseits, die Hände in den Hosentaschen vergraben.

Dabei und doch nicht dabei, dachte Fynn.

Sein Blick fiel auf eine Nahaufnahme von Nadine und Lena, Arm in Arm. Sie hatten sich nach vorn gebeugt und formten ihre Münder, als wollten sie dem Fotografen einen Kuss geben. Lena trug ein durchsichtiges schwarzes Oberteil, unter dem ihr BH leicht durchschien, Nadine ein hautenges Top mit Spaghettiträgern. Schließlich war auch Toto zu sehen, wie gewohnt in lässiger Pose. Er lümmelte in einem Stuhl und streckte dem Fotografen die Zunge heraus.

Fynn erinnerte sich gut an die Fete. Es war die einzige Party im letzten Jahr gewesen, zu der er – wie jeder andere in der Stufe – eingeladen war. Bei den privaten Feiern wollte man ihn nie dabeihaben.

Aber auch die Stufenfete war enttäuschend verlaufen. Nach ein paar missglückten Versuchen, mit jemandem ins Gespräch zu kommen, hatte er sich verzogen und war noch vor Mitternacht zu Hause gewesen.

Er konzentrierte sich wieder auf das Hier und Jetzt. Erwartete Lena, dass er sich an der Recherche beteiligte?

Bestimmt. Sie saß mit gekreuzten Beinen auf der Couch und blätterte in einem roten Buch. Fynn wollte sich zu ihr setzen. Doch etwas Unbestimmtes hielt ihn zurück, zog seinen Blick wieder auf die Fotos. Irgendetwas war ihm aufgefallen, etwas Entscheidendes, das spürte er. Er hatte es registriert, aber noch nicht richtig verstanden. Was war es bloß gewesen?

Systematisch suchte er die Bilder noch einmal mit den Augen ab. Thöne, Toto, Jan, Micha, Nadine und Lena. Plötzlich hielt Fynn inne. Er schob seine Nase dicht an eine der Aufnahmen heran. Ihm wurde heiß, als hätte er jetzt wirklich Fieber.

„Und, wie sieht's aus?"

Fynn fuhr herum. Nadine war wieder ins Zimmer gekommen. Rasch trat Fynn einen Schritt von der Collage zurück.

„Ich muss wirklich bald los. Beeilt euch bitte!", drängte Nadine.

„Schade. Kann ich mir das hier ausleihen?", fragte Lena und hielt das Buch hoch. „Da steht eine Menge über mildernde Umstände drin. Das heißt ja jetzt *minderschwerer Fall*. Hab ich gar nicht gewusst."

„Vor mir aus, nimm es mit. Ich bin mit meinen Vorbereitungen für den Prozess ohnehin fertig. Aber gib mir das Buch morgen zurück."

„Klar, mache ich. Willst du die Textstelle mal sehen?", fragte Lena.

Nadine zuckte mit den Schultern. „Warum nicht?" Sie ging zur Couch und beugte sich zu Lena hinunter. Dabei drehte sie Fynn den Rücken zu. Diesen Moment musste er nutzen. Er stieß den Rahmen mit der Collage vom Nagel. Das Bild krachte hinab, die Glasscheibe zersprang und die Fotos verteilten sich auf dem Boden.

Lena und Nadine schreckten hoch.

„Wie konnte denn das passieren, du Idiot?", fuhr Nadine Fynn an. „Der schöne Rahmen!"

„Tut mir leid, irgendwie bin ich rangekommen. Ich … ich sammle die Scherben sofort ein. Und den Rahmen ersetze ich dir natürlich", stotterte Fynn.

„Lass bloß die Finger davon, bevor du alles noch schlimmer machst. Ich hole einen Staubsauger, hier liegen ja überall feine Splitter", zischte Nadine und knallte die Tür hinter sich zu.

Fynn beugte sich über die Scherben und sammelte die größeren auf. Lena begann die Fotos aufzuheben.

„Du bist wirklich ganz schön ungeschickt", meinte sie.

„Ja", gab er zu und lächelte in sich hinein. Er suchte das Foto, das er unbedingt brauchte, das die Wende bringen würde. Da war es! Fynn warf einen kurzen Blick auf Lena. Sie durfte nicht mitbekommen, was er vorhatte. Er hatte jetzt keine Zeit für Erklärungen und jeden Moment konnte Nadine wieder auftauchen.

„Da hinten liegt noch eine Scherbe, rechts von dir", meinte Fynn.

„Wo?"

„Da, ein Stück weiter hinten", erklärte Fynn.

Lena schaute suchend in die Richtung. Fynn schnappte sich das Foto und ließ es in der Brusttasche seines Hemds verschwinden.

„Da liegt nichts", meinte Lena ärgerlich. „Nur ein Fussel."

„Pardon, dann habe ich mich wohl geirrt."

Nadine stürmte herein. Sie schob Fynn beiseite, sammelte die letzten Fotos auf und legte sie auf eine Kommode. Fynn beobachtete sie angespannt. Würde sie merken, dass eine Aufnahme fehlte?

Nein, stellte er erleichtert fest. Nadine stöpselte den Stecker des Staubsaugers ein.

„Äh, wenn wir dir nicht mehr helfen können", fing Fynn an. „Dann könnten wir eigentlich –"

„Schon gut, geht nur. Vielen Dank für euren Besuch!", unterbrach ihn Nadine sarkastisch.

Fynn schob Lena vor sich her aus Nadines Zimmer.

„He, was hast du es plötzlich so eilig?", wehrte sie sich gegen sein Tempo.

„Psst, gleich", flüsterte er. „Lass uns hier erst mal abhauen."

Kaum waren sie auf der Straße, stellte sie ihn zur Rede: „Kannst du mir mal erklären, was das eben sollte?"

„Aber gern", gab er zurück. „Ich weiß jetzt, wer Triple ist." Er zog das Foto hervor und zeigte es Lena.

16.

Triple stand vor dem Gerichtssaal und sah die Schüler hineinströmen.

Nur zu, es lohnt sich!, dachte Triple. Das heutige Programm versprach wieder ein echter Höhepunkt zu werden, wenn es um zwischenmenschliche Beziehungen und seelische Abgründe ging. Es würde reichlich Stoff für Auseinandersetzungen geben. Und es lag auf der Hand, dass alle mit harten Bandagen kämpfen würden.

Einmal mehr würde es nicht in erster Linie darum gehen, ein angemessenes Urteil über Fynn zu fällen, sondern vielmehr um persönliche Eitelkeiten. Dabei würde Lena mit ihrem rührenden Versuch, die Existenz einer Erpresserbande zu beweisen, kläglich scheitern. Darauf war Triple besonders gespannt. Lena war es nicht gewohnt, zu unterliegen. Umso schmerzvoller würde das Ganze für sie sein. Dieses Scheitern hatte sicher auch Auswirkungen auf Lenas Stand in der Stufe. Die Niederlage würde nachwirken.

Oder konnte Lena doch noch eine Überraschung aus dem Hut zaubern, von der niemand etwas ahnte? Triple verwarf diesen Gedanken. Der Bande drohte keine Gefahr.

Lena sah, dass Fynn zitterte. Demonstrativ hakte sie sich bei ihm unter. Fynn wirkte müde und verletzlich, sodass sie das Gefühl hatte, ihn schützen zu müssen.

Die beiden reihten sich in den Strom von Schülern ein, der auf den Gerichtssaal zufloss.

„Bleib ruhig, wir haben die Sache im Griff", meinte Lena zu Fynn, als sein Zittern nicht nachließ.

Er schwieg und Lena blieb stehen. Sie zögerte einen Moment, dann nahm sie sein Gesicht in ihre Hände.

„Sieh mich an", sagte sie zu ihm.

Fynn hob den Kopf. In seinen Augen lagen Furcht und Zweifel.

„Glaub mir, ich habe auch Angst", gestand Lena. „Nichts wird nach diesem Tag so sein, wie es vorher war."

„Und was ist, wenn mich die Bande doch erwischt? Später irgendwann. Ich kann nicht immer davonlaufen."

Schon am Tag zuvor hatte Lena bemerkt, dass Fynns anfängliche Euphorie über Triples Demaskierung rasch verflogen war. Die alte Angst kroch wieder in ihm hoch. Und jetzt, kurz vor dem entscheidenden Moment, drohte sie ihn abermals zu besiegen.

„Es wird nicht mehr nötig sein, sich zu verstecken und zu fliehen", redete sie auf ihn ein. „Triple wird kein Unheil mehr anrichten. Dafür werden wir sorgen. Heute in diesem Schülergericht."

Fynn nickte kaum merklich.

Eine Hand drängte sich zwischen sie und packte Fynn an der Schulter.

„Entschuldigung, dass ich die Turteltäubchen trennen muss", sagte Toto. „Aber ich habe mit Fynn ein Wörtchen zu reden." Er schob ihn von Lena weg.

„Lass ihn in Ruhe!", schrie sie und lief hinter den beiden her.

„Misch dich nicht in Sachen ein, die dich nichts angehen!", erwiderte Toto kalt und setzte noch leise „Du dumme Schlampe" hinzu.

In diesem Moment holte Fynn aus und gab Toto eine schallende Ohrfeige. Toto war perplex. Er ballte die Fäuste, doch dann beherrschte er sich.

„Das wird dir noch leidtun, Fynn. Wir sehen uns nach dem Prozess!" Mit wutverzerrtem Gesicht drehte er sich um und verschwand in Richtung Gerichtssaal.

„Volltreffer", meinte Lena und lächelte Fynn an. „Das hätte ich dir gar nicht zugetraut."

Der Gerichtssaal war völlig überfüllt. Sogar an den Türen hingen noch Trauben von Schülern.

Nadine und die beiden Schöffen hatten ihre Plätze an der Stirnseite eingenommen. Zu ihrer Rechten wartete Micha auf seinen Auftritt, links saßen Lena und Fynn. Jan hockte in der ersten Reihe, Kugelschreiber und Block auf den Knien.

Björn und seine Freunde belegten die komplette Stuhlreihe dahinter, während sich Toto ein wenig abseits hielt. Thöne lehnte ganz hinten an der gegenüberliegenden Wand, von wo aus er einen guten Überblick hatte.

Lena hatte das Foto unter ihren Papieren verborgen, als sie ihre Unterlagen sortiert hatte. Verstohlen überprüfte sie jetzt, ob das Bild noch da war. Sie ertastete eine Ecke der Aufnahme und atmete tief durch. Die Aufnahme von einer Fete, ein scheinbar belangloser Schnappschuss. Bis gestern.

Lena schaute zu Micha hinüber. Er fing ihren Blick auf, sah aber sofort weg.

Fynn saß zusammengesunken neben Lena und hatte die Hände gefaltet.

Minutenlang passierte gar nichts. Lena fragte sich schon, warum der Prozess nicht endlich fortgesetzt wurde. Auch im Publikum machte sich Unruhe breit.

In diesem Moment erhob sich Nadine und warf einen Blick in die Runde. Dann sagte sie: „Wir verhandeln heute die Strafsache gegen Fynn weiter. Es geht um räuberische Erpressung und Körperverletzung. Im Sinne der Verteidigung wurde der Prozess am vergangenen Montag auf heute vertagt."

„Ja leider!", rief einer dazwischen.

„Wieso, ist doch lustig!", brüllte ein anderer. Gelächter.

„Fynns Verteidigerin ist Lena. Die Anklage wird weiterhin von Micha vertreten", fuhr Nadine zu ihm gewandt fort. „Möchtest du noch etwas zu deiner Anklage ergänzen?"

Micha stand mit einem siegessicheren Lächeln auf. „Nein, aus meiner Sicht hat sich nichts verändert. Es bleibt dabei: Fynn hat am Freitag, den 14. April, Björn überfallen, ihn geschlagen und ausgeraubt. Die Tat war geplant und wurde ohne Skrupel durchgeführt –"

„Können wir nicht auf diese Wertungen verzichten?", warf Lena ein.

„Was meinst du damit?", wollte Nadine wissen.

„Ich meine solche Vokabeln wie *skrupellos*. Micha kann nicht wissen, was Fynn empfunden hat."

„Da hast du allerdings recht!", fuhr Micha auf. „Und ich bin auch froh, dass ich solche Empfindungen, wie

Fynn sie haben musste, nicht kenne. Außerdem tut es auch nichts zur Sache. Wichtiger ist, was Björn empfunden hat – Angst, vermutlich sogar große Angst vor einem rücksichtslosen Schläger, der ihm körperlich weit überlegen war!"

Im Publikum wurde geklatscht.

Nadine hob die Hand.

„So mag es auf den ersten Blick aussehen", sagte Lena. „Dennoch sollten wir uns vor diesem Gericht an die Fakten halten und uns nicht auf wilde Spekulationen einlassen."

Nadine nickte. „Das ist richtig. Micha, wenn du fortfahren möchtest, dann bitte ohne Wertungen."

Im Zuschauerraum wurde Unmut laut. „So ein Quatsch. Micha hat doch völlig recht. Fynn ist ein mieser Abzieher. Das wird man doch mal sagen dürfen!", kam es aus den vorderen Reihen.

Lena erkannte, dass der Zwischenrufer Thomas war. Er saß direkt hinter Björn. Thomas gehörte zu denen, die es nur aus einer Gruppe heraus wagten, ihren Mund aufzumachen. Allein war er hilflos, im Rudel dagegen gefährlich.

Micha grinste. Das Publikum war offensichtlich überwiegend auf seiner Seite.

„Nun gut", meinte er. „Ich habe dem auch nicht mehr viel hinzuzufügen. Aufgrund der vorliegenden Fakten fordere ich als Strafe für Fynn einen 50-stündigen Einsatz bei einer –"

„Nicht so schnell!", stoppte ihn Nadine. „Wir sind noch bei der Beweisaufnahme. Die Plädoyers folgen im Anschluss."

Micha sah sie überrascht an. Dann zuckte er mit den Schultern und meinte: „Bin ja mal gespannt, was da noch für großartige Beweise kommen." Er setzte sich.

Da darfst du auch gespannt sein, dachte Lena. Noch einmal fühlte sie nach dem Foto unter den Blättern.

Nadine nickte Lena aufmunternd zu. „Welche neuen Fakten hat die Verteidigung zu bieten?"

Lena erhob sich.

Alle Blicke waren auf sie gerichtet. Sie hielt dem stand und suchte einzelne Gesichter in der Menge. Sie machte Neugier und Aufmerksamkeit aus, aber auch Zweifel und Misstrauen.

„Ich will nichts beschönigen", begann sie. „Die Fakten liegen auf dem Tisch. Fynn hat Björn überfallen und beraubt. Aber ich bleibe dabei, dass Fynn nicht nur Täter, sondern auch Opfer ist."

„Den Blödsinn hast du letztes Mal schon verzapft!", rief Thomas unter allgemeinem Gejohle.

„Lass sie doch mal ausreden", hielt jemand dagegen.

„Danke", meinte Lena sachlich. „Und es wäre schön, wenn die Beschimpfungen ein Ende finden würden." Sie warf Nadine einen auffordernden Blick zu.

Nadine ermahnte daraufhin die Zuhörer, sich mit abfälligen Kommentaren zurückzuhalten.

„Danke noch einmal." Lena ging um den Tisch herum und lehnte sich dann lässig dagegen.

„Wie gesagt: Fynn ist nicht nur der Täter, er ist auch Opfer. Folglich handelt es sich hier um einen minderschweren Fall."

„Das ist doch völlig unbewiesen", fuhr ihr Micha in die Parade. „Ich höre immer nur *Opfer*. Das sind doch alles Ausreden von Fynn, der eine milde Strafe erreichen will!"

„Wenn ich mal ausreden dürfte?", gab Lena kühl zurück. „Fynn wurde von einer Bande systematisch erpresst. Diese Bande benutzt Fäuste als Erkennungszeichen."

Und dann erklärte sie dem Publikum die Hierarchie innerhalb der Gruppe. Je länger sie sprach, desto deutlicher merkte sie, wie sich langsam die Stimmung im Saal veränderte. Man hörte ihr plötzlich ganz anders zu. Sie sah es den Schülern an, sah es an ihren fragenden, wachen Gesichtern und daran, wie sie sich verhielten. Jans Kuli flog über das Papier. Toto knabberte an seiner Unterlippe. Nadine saß kerzengerade auf ihrem Stuhl. Aber auch Thöne hatte seine Haltung verändert. Seine Stirn lag in Falten, die Augen waren schmal.

„Auf der untersten Stufe dieser Bande stand Fynn", fuhr Lena fort. „Fynn hatte keine Faust als Rangabzeichen und legte auch keinen Wert darauf. Er war ein reiner Befehlsempfänger in dieser brutalen Hackordnung. Jemand, den man beliebig herumschubsen konnte. Und dann gibt es die Mitglieder mit *einer* Faust. Wie zum Beispiel –" Sie machte eine Kunstpause und suchte die Reihen mit ihren Augen ab. Die Zuschauer hingen an ihren Lippen.

„Wie zum Beispiel Marc, der leider heute nicht hier ist", vollendete Lena den Satz. Sie war jetzt in Fahrt. „Aber jemand anderes ist hier und dieser Jemand hat sogar zwei Fäuste."

Lena fixierte Toto weit hinten im Raum – schon wandten sich die ersten Köpfe zu ihm um. Dann deutete sie auf ihn. „Er ist es!"

Toto sprang hoch. Sein Gesicht war rot vor Wut. „Du lügst. Und du hast keinerlei Beweise!", stieß er hervor.

„So? Wenn du kein Mitglied dieser Bande bist und wenn du keine zwei Fäuste als Abzeichen auf deiner Brust trägst, dann liefere uns den Beweis."

„Oh nein, ich muss nicht meine Unschuld beweisen", korrigierte Toto sie. „Du musst mir meine Schuld beweisen!"

„Er ist Mitglied der Bande. Das kann ich bezeugen." Zur allgemeinen Überraschung hatte sich Fynn erhoben. Er sprach deutlich und laut. „Toto hat mich bedroht und erpresst."

„Was fällt dir ein, du feiges Stück Dreck! So eine Scheiße muss ich mir echt nicht anhören!", brüllte Toto. Er drängte sich durch die Reihen zur Tür. Niemand wagte es, ihn aufzuhalten.

„Du kannst vielleicht jetzt wegrennen", rief ihm Lena hinterher. „Aber die Polizei wird dich finden. Wir werden dich anzeigen."

Mit einem lauten Krachen schlug die Tür hinter Toto ins Schloss. Im Gerichtssaal brach jetzt ein regelrechter Tumult aus und Nadine konnte die Gemüter nur mit größter Mühe beruhigen. Für Lena bot das Durcheinander eine kurze Gelegenheit, ihre Gedanken zu ordnen. Die Sache lief gut. Totos Flucht und seine unbeherrschten Worte zu Fynn hatten ihre Thesen gestützt. Ihr Blick fiel auf Micha. Er wirkte unsicher.

„Doch Toto ist nur ein kleines Licht im Vergleich zur Nummer eins dieser Bande", erklärte Lena, als Ruhe eingekehrt war. „Diese Nummer eins nennt sich Triple. Niemand wusste bisher, wer hinter diesem Namen steht.

Triple hat es meisterhaft verstanden, seine wahre Identität zu verschleiern. Keines der Bandenmitglieder bekam Triple jemals zu Gesicht. Die Anweisungen für Einbrüche und andere Straftaten wurden per Telefon und mit verstellter Stimme übermittelt. Auch die Informationen, wer sich als Opfer fürs Abziehen eignete, wurden auf diesem Weg an Toto durchgegeben."

Lena ging zu Fynn und legte ihm eine Hand auf die Schulter. „So suchte sich die Bande auch Fynn aus. Wie das ablief, kann er am besten selbst berichten."

In einfachen Worten erzählte Fynn, was damals im Einzelnen vorgefallen war. Er verhaspelte sich kein einziges Mal. Sein Bericht war klar, keine Spur theatralisch und damit glaubhaft.

Lena registrierte, dass die Stimmung inzwischen völlig gekippt war. Sogar Björn wirkte jetzt ein wenig versöhnlicher. Und von Thomas und den anderen Schreihälsen wagte sich keiner mehr aus der Deckung der Masse hervor.

„Ich glaube, wir haben damit eindeutig bewiesen, dass es diese Bande wirklich gibt", meinte Lena, als Fynn geendet hatte. „Aber eine Frage steht noch im Raum: Wer ist Triple?"

„Ja, ich denke, dass das die Frage ist, die alle hier interessiert", stimmte ihr Nadine zu. Sie lächelte.

Auch Lena lächelte, um ihre Nervosität zu überspielen. Denn jetzt kam der alles entscheidende Vorstoß.

„Triple sitzt hier im Gericht", sagte sie, als wäre es das Selbstverständlichste der Welt.

Im Raum kehrte Totenstille ein. Jan hatte aufgehört, sich Notizen zu machen. Er war kalkweiß im Gesicht, als ahnte er, was kommen würde. Michas Augen huschten von Lena zu Fynn und wieder zurück. Björn kaute auf seinen Fingernägeln, und Thöne stieß sich von der Wand ab und kam langsam nach vorn.

Im Zeitlupentempo zog Lena das Foto unter den Papieren hervor. „Ein Zufall brachte Fynn auf Triples Spur. Triple hat als Rangabzeichen drei Fäuste, wie ihr wisst. Und dieses Tattoo entdeckte Fynn gestern, als er bei Nadine Fotos von unserer letzten Stufenfete anschaute."

Lena hielt das Foto hoch. Ein Raunen ging durch die ersten Reihen, die Nadine und Lena auf dem Foto erkennen konnten.

Jan stand auf und betrachtete die Aufnahme genauer. „Das seid ja ihr, Nadine und du", stammelte er. „Aber wie kommt ihr denn darauf, dass –"

„Sieh genau hin", forderte Lena ihn auf. „Unter dem Rand von Nadines Top, ganz links, ist es zu sehen." Als Fynn es ihr gezeigt hatte, war sie mindestens ebenso überrascht gewesen wie jetzt Jan. Nun wusste sie, weshalb Nadine nie mit ihr ins Freibad gegangen war oder warum sie etwa im Fitnessstudio immer schon vor ihr umgezogen gewesen war und peinlich genau darauf geachtet hatte, dass man sich nie in der Dusche begegnete.

Lena wandte sich wieder ans Publikum. „Das Bild zeigt Nadine und mich. Und wenn man es ganz genau betrachtet, kann man das Tattoo mit den drei Fäusten unter Nadines Top hervorblitzen sehen."

Jan ließ das Foto langsam sinken. Er nickte.

Lena drehte sich zu Nadine um. Ihre Freundin lehnte sich im Stuhl zurück. Sie lächelte noch immer.

„Netter Versuch", meinte sie. „Eine hübsche Show habt ihr hier abgezogen. Aber jetzt ist sie vorbei. Wir sollten den Prozess mit Fakten fortsetzen. Fynn sitzt auf der Anklagebank, nicht ich."

Jan mischte sich ein. „Nein, Nadine, du hast dieses Tattoo, ich weiß es auch so. Das ist kein Spiel, kein Theater. Und wohl auch kein Zufall", fügte er dann hinzu.

„Halt den Mund, du Idiot. Willst du mir in den Rücken fallen?", erwiderte Nadine von oben herab.

„Gib es auf, Nadine", bat Jan. „Es macht doch keinen Sinn mehr zu leugnen. – Aber wie hast du es geschafft, deine Stimme so zu verstellen, dass Toto dich nicht erkannt hat?"

„Sie wird das Tonstudio ihrer Mutter benutzt haben", vermutete Lena. „Dort kann man eine Stimme sicher verfremden."

Nadine erhob sich. Sie blickte Lena und Fynn spöttisch an. „Glaubt ihr wirklich, dass ihr mich belangen könnt? Wegen einer kleinen Tätowierung?"

„Nein, das können wir nicht", pflichtete ihr Lena bei. „Aber das ist auch nicht unsere Aufgabe, sondern die der Justiz."

Nadine lachte – wie Lena fand, eine Spur zu schrill, um selbstsicher zu wirken. „Die Justiz? Du weißt nicht, wovon du sprichst. Mein Vater ist der beste Anwalt in der Stadt. Er wird euch gern was über die Justiz erzählen."

Lena sagte nichts, sie sah Nadine nur stumm an. Das war nicht die Nadine, die sie gekannt hatte. Nicht ihre Freundin, an deren Schulter sie sich ausgeweint hatte, wenn es ihr schlecht ging. Nicht die Nadine, mit der sie lachend durch die Diskos gezogen war. Es machte sie traurig, dass sie ihre beste Freundin verloren hatte. Wie hatte sie sich nur so in Nadine täuschen können? Sie warf einen Blick auf Fynn. Aber vielleicht hatte sie auch einen Freund gewonnen.

„Dein Vater soll es nicht mir erzählen, sondern dem Gericht", sagte sie zu Nadine. „Denn dort wirst du einen guten Beistand gebrauchen können."

„Du bist eine echte Spießerin, Lena", höhnte Nadine. „Du bist doch nur neidisch. Nie wirst du erfahren, wie es ist, Macht über andere zu haben. Genauso wenig wie Toto, Marc oder Fynn und wie sie alle heißen –"

Der Rest des Satzes ging unter. Eine Gruppe um Thomas war aufgestanden und brüllte Nadine nieder. Ungerührt schob sie ihre Unterlagen zusammen und wandte sich zum Gehen.

„Stopp!", schrie Thöne, der sich inzwischen bis nach vorn durchgedrängt hatte. „So gehen wir hier nicht auseinander." Der Lehrer schlug mit der flachen Hand auf den Richtertisch. Einmal, zweimal, bis man ihm endlich zuhörte.

„Dieses Schülergericht hat Regeln, die wir zusammen festgelegt haben und an die sich jeder zu halten hat. Das jedenfalls war einmal unsere Idee, unser gemeinsames Ideal. Nach dem, was während dieses Prozesses passiert ist, müssen wir uns fragen, ob wir noch hinter dem Projekt stehen. Wenn ja, dann werden wir den Prozess gegen Fynn am kommenden Montag fortsetzen. Und zwar so wie immer: dieselbe Uhrzeit, derselbe Ort. Wenn nicht, dann sollten wir das Gericht jetzt auflösen. Ich will, dass wir darüber abstimmen. Vorher möchte ich aber Folgendes klarstellen."

Thöne warf Nadine einen Blick zu. Sie erwiderte ihn mit einem spöttischen Lächeln. Man sah ihr an, dass sie Thöne nicht ernst nahm.

„Der Prozess gegen Nadine und Toto und alle anderen Mitglieder dieser Erpresserbande", fuhr Thöne fort, „wird von anderer Seite zu führen sein, ganz gleich, ob wir unser Schülergericht aufrechterhalten oder nicht. Ich werde umgehend die Polizei einschalten. Und jetzt bitte ich um die Abstimmung: Wer dafür ist, dass dieses Gericht fortbesteht, der hebt die Hand."

Zunächst rührte sich nichts. Lena dachte an Fynn, der sich so wünschte, dass der Prozess gegen ihn nie öffentlich stattgefunden hätte. Sie beobachtete ihn und war überrascht, dass er als Erster die Hand hob. Er setzte ein Zeichen, dem sich mehr und mehr Schüler anschlossen. Schließlich war es weit über die Hälfte. Auch Micha und Jan waren darunter. Lena registrierte, dass sich Thönes Gesichtszüge entspannten.

„Ein klares Votum", meinte er. „Dann werden wir das Verfahren gegen Fynn fortsetzen. In Vertretung unserer Richterin vertage ich hiermit den Prozess auf kommenden Montag."

Nadine gähnte demonstrativ und verließ den Saal. Ihre Absätze klapperten laut auf dem Steinboden.

Lena sah ihr verstohlen hinterher. Die meisten Schüler diskutierten heftig miteinander und schenkten Nadines Abgang kaum Beachtung.

Nach und nach begannen sich die Zuschauerreihen zu lichten. Nur vereinzelt standen Schüler noch zusammen.

Lena spürte eine Hand auf ihrer Schulter.

„Danke", sagte Fynn.

„Ist schon okay", gab Lena zurück. „Wie man sieht: Es kommt immer auf einen Versuch an."

„Ja", sagte er nachdenklich.

Thöne gesellte sich zu ihnen.

„Du hast umgedacht, nicht wahr?", meinte er zu Fynn. „Du stehst wieder hinter dem Gericht, auch wenn du der Angeklagte bist. Woher kommt dieser plötzliche Sinneswandel?"

„Tja." Fynn grinste. „Zum einen glaube ich, dass alle nach dem heutigen Tag wieder viel vorsichtiger und verantwortungsvoller mit diesem Gericht umgehen werden. Die Grundidee fand ich ja schon immer gut. Und zum andern …" Fynn zögerte, doch dann sprach er weiter. „Zum andern, na ja …Lena und ich wollten Triple überführen. Zunächst habe ich sogar geglaubt, dass *Sie* Triple sind …"

„*Ich* soll Triple gewesen sein?", fragte Thöne irritiert. „Wie kommst du denn darauf?"

„Triple musste ein Insider sein. Jemand, der sich an der Schule und mit Menschen gut auskennt. Und der –"

„Das für sich allein könnte man als Kompliment werten", versuchte Thöne zu scherzen.

„Ich war aber noch nicht fertig", widersprach Fynn. „Denn Triple musste auch ein Mensch sein, der die Macht nicht nur liebt, sondern auch auslebt."

„Oh nein, das gilt nicht für mich", wehrte Thöne ab. Er lachte.

„Natürlich nicht", gab Fynn höflich zurück. „War ja auch nur so eine Idee."

Thöne versuchte ein Lächeln, aber es misslang. Mit einem gemurmelten „Hab noch viel zu tun" verabschiedete er sich. Lena hatte das Gefühl, dass er es eilig hatte.

„Tja, dann sehen wir uns spätestens nächsten Montag", sagte Fynn zu Lena.

Lena sah Fynn in die Augen. „Hast du Angst?", fragte sie ihn.

„Vor Montag?"

„Nein, dass die Bande dir auflauert."

Fynn überlegte einen Moment. Er zuckte mit den Schultern. „Ich weiß es nicht."

„Sie werden dir nichts tun. Es wäre klar, wer dahintersteckt und dass es sich um einen Racheakt handelt."

Fynn nickte langsam.

„Außerdem passe ich ab jetzt ein bisschen auf dich auf, wenn du willst."

„Du?"

„Klar." Lena lächelte ihn an.

Fynn sah an ihr vorbei und sie drehte sich um, um seinem Blick zu folgen. Micha stand noch an seinem Pult. Er tat so, als würde er etwas in seinen Papieren suchen.

„Ich glaube, da wartet jemand auf dich", meinte Fynn.

Lena wandte sich wieder Fynn zu. Sie wusste nicht, ob sie sich über seine Vermutung freuen sollte. Wollte sie Micha wirklich wieder zurück, nach allem, was in der letzten Zeit passiert war? Andererseits war sie auch nicht ganz unbeteiligt an der Situation: Sie hatte das Kräftemessen heraufbeschworen – und hatte Micha sogar verdächtigt, der Anführer der Bande zu sein …

„Was macht dich so sicher, dass er auf mich wartet?", fragte sie Fynn.

„Keine Ahnung. Es sieht einfach so aus. Außerdem kommt es immer auf einen Versuch an. Das sind doch deine Worte." Dann ging Fynn mit schnellen Schritten zur Tür.

Lena und Micha blieben allein zurück. Sie standen keine drei Meter voneinander entfernt. Sie sah ihn direkt an, Micha jedoch konzentrierte sich auf seine Papiere und schien sie nicht wahrzunehmen. Ein, zwei Minuten vergingen. Erst jetzt drehte Micha ihr den Kopf zu. Ein kurzer Blick nur, dann schaute er zu Boden.

Er wird nie den ersten Schritt wagen, dachte Lena. Langsam ging sie zu Micha hinüber und setzte sich auf sein Pult. Micha lächelte sie unsicher an. Er räusperte sich.

„Hallo, Micha. Gut, dass du noch da bist", ertönte eine Frauenstimme.

Lena sah über Michas Schulter eine schwarzhaarige Frau auf sie zusteuern. Sie zuckte zusammen: Es war die Frau aus dem BMW-Cabrio, der Micha das Geld gegeben hatte.

„Ich habe vorgestern vergessen, dir die Negative zu deinen Abzügen zurückzugeben", fuhr die Frau fort. „Und weil ich gerade in der Nähe war, dachte ich, ich bringe sie dir vorbei." Sie streckte Micha einen Umschlag entgegen.

Micha ging auf sie zu und nahm den Umschlag. „Das ist aber nett, dass Sie extra vorbeikommen, Frau Wirkner." Er wandte sich zu Lena um. „Lena, das ist übrigens Katharina Wirkner. Die Fotografin, die diesen Fotoworkshop vor zwei, drei Wochen hier geleitet hat, er-

innerst du dich noch? Ich hab dir doch davon erzählt. –
Frau Wirkner, das ist Lena." Er zögerte. „Meine
Freundin."

Lena starrte die hübsche, dunkelhaarige Frau an.
Dann begann sie zu lachen.

EPILOG Fynn hob die leere Büchse auf und warf sie in den blauen Müllsack. Ein Stück weiter, unter einem Rhododendronbusch, entdeckte er eine zerfetzte Plastiktüte. Auch sie wanderte in den Sack.

Seit ihn das Schülergericht vor einem Monat zu 15 Stunden gemeinnütziger Arbeit verurteilt hatte, kam Fynn öfter mit den Gärtnern in den Stadtpark. Er half bei Neuanpflanzungen, verteilte Rindenmulch oder sammelte wie heute Abfälle ein.

Seine Eltern wussten inzwischen alles. In langen Gesprächen hatte er ihnen von seinen Lügen erzählt, seinen Taten und der Angst. Und sie hatten zugehört, fassungslos, traurig, aber auch ein kleines bisschen erleichtert. Fynn war nicht wenig erstaunt, als sie ihm von der Furcht erzählten, die sie selbst in den letzten Jahren verspürt hatten wie ein Geflecht, das immer undurchdringlicher wurde. Sie hatten Angst gehabt, Fynn zu verlieren, hatten befürchtet, er würde sich immer noch weiter von ihnen entfernen und sich völlig abkapseln.

Seitdem war ihr Umgang miteinander anders geworden. Es gab eine Annäherung, behutsam und nur ganz langsam, aber ohne jedes Misstrauen.

Auch Björn hatte Fynn zugehört. Nicht lange und fast widerwillig, aber immerhin. Der Junge hatte den Vorfall auf seine Weise verarbeitet: Er verbuchte es auch als seine Leistung, dass Triple überführt worden war.

Fynn zog den vollen Müllsack zum Kleinlaster und hievte ihn auf die Ladefläche. Auf Nadine, Toto und Marc wartete jetzt ein ordentliches Jugendgericht. Inzwischen hatten sich sechs weitere Opfer der Bande gemeldet, die als Zeugen aussagen wollten. Der Prozess würde in etwa zwei Monaten beginnen. Es war seltsam: Der Ausgang des Verfahrens interessierte Fynn nur am Rande. Er hegte keine Rachegedanken, sondern verspürte vielmehr ein Gefühl der Ruhe. Nadine oder Toto würden ihn nicht mehr verfolgen, davon ging er aus.

Wichtiger aber war, dass Fynn keine Angst mehr vor ihnen hatte. Die Öffentlichkeit, die durch das Schülergericht geschaffen worden war und die ihm zuerst so zugesetzt hatte, schützte ihn nun. Es gab keinen unsichtbaren und unbekannten Triple mehr, der ihn heimlich ins Visier nehmen konnte.

Fynn nahm einen neuen Sack und begab sich weiter auf die Suche nach Müll. Das Schülergericht hatte durch die Vorfälle erneut für Schlagzeilen gesorgt und war noch populärer geworden. Thöne hatte mehrere Interviews gegeben. Ein privater Fernsehsender hatte sogar ein komplettes Reporterteam geschickt.

Unmittelbar nach dem Prozess hatte Fynn überlegt, ob er ein Gespräch mit dem Lehrer suchen sollte, um sich für seine Verdächtigungen zu entschuldigen. Aber dann hatte er es bleiben lassen. Er hatte deswegen kein schlechtes Gewissen. Seit dem Prozess gingen sich Thöne und er nicht direkt aus dem Weg, hatten aber auch nicht mehr außerhalb des Unterrichts miteinander geredet.

„Hallo, Fynn!", rief in diesem Moment jemand hinter ihm.

Er drehte sich um. Auf dem Kiesweg standen Lena und Micha. Sie winkten ihm zu.

Zögernd hob Fynn die Hand. Jetzt schlenderten die beiden auf ihn zu. Fynn wurde unsicher. Seine Hose war voller Flecken, an seinen Schuhen klebte Erde. Es tat ein wenig weh, Lena und Micha zusammen zu sehen. Aber andererseits freute es Fynn, dass sie auf ihn zukamen. Was wollten sie von ihm?

Dann stand Lena vor ihm. Ihre Augen lächelten.

„Und?", fragte sie.

„Alles klar", gab er zurück. „Viel zu tun hier."

„Aber heute Abend hast du doch bestimmt Zeit?"

„Ich?" Fynn zuckte mit den Schultern. „Ich wollte eigentlich ins Training, wie immer …"

Micha grinste. „Du bist aber eingeladen."

Fynn sah ihn fragend an.

„Heute Abend steigt eine Party bei mir. Aber nicht vor neun Uhr, okay?", ergänzte Micha.

Fynn deutete mit dem Finger auf seine Brust. „Ich?"

Lena drückte ihm einen Kuss auf die Wange. „Also, bis später!"

Leseprobe aus:

Jana Frey,
Höhenflug abwärts

Schulausgabe erschienen im
Hase und Igel Verlag, Garching b. München
ISBN 978-3-86760-025-5
Begleitmaterial für Lehrkräfte
ISBN 978-3-86760-325-6

Ein paar Minuten später erreichte mich der Joint erneut. Diesmal zog ich vorsichtiger. Ich behielt den Zug einen Augenblick im Mund und inhalierte dann ganz vorsichtig. Diesmal hustete ich nur leicht, obwohl es im Hals brannte. Mir wurde ein bisschen schwindelig. Wieder lächelte Malte mir zu.

Ich lehnte mich an ihn, legte meinen Kopf gegen seine Schulter und schaute zum Himmel empor. Ich fühlte mich leicht und glücklich in diesem Moment.

„Was ist denn das für ein komisches lila Licht dahinten?", flüsterte ich irgendwann verwirrt.

„Das ist der Tag, Marie", antwortete Malte und streichelte mit den Fingerspitzen seiner rechten Hand ganz leicht meinen Hals, meine Schultern, meine Brüste und meinen Bauch.

„Schön, ein lila Tag", sagte ich und wurde schläfrig.

Ich schlief ein, aber ich schlief nicht richtig, weil ich die anderen reden hörte, wie aus weiter Ferne, wie ein beruhigendes Murmeln, einmal lachte jemand leise auf, und ich schaute aus halb geschlossenen Augen in die verschwommene, friedliche Runde.

„Ich muss übrigens um zwölf mit Franka ein Taxi rufen und nach Hause fahren", sagte ich irgendwann. „Komisch, wie sollen wir das von hier aus machen? Hier gibt es doch gar keine Taxis."

„Es ist gleich sechs", sagte Malte. „Ich muss auch demnächst los, wir werden schon einen finden, der uns mit zurücknimmt."

„Es ist sechs Uhr?", wiederholte ich und richtete mich mit einem Ruck auf.

Malte nickte.

„Dann muss ich sofort los", sagte ich.

„So eilig?", fragte Malte.

Diesmal nickte ich.

„Okay, machen wir uns auf die Socken."

Ich erhob mich und schaute mich um. „He, wo sind denn Murat und die anderen?", fragte ich.

„Gefahren, schon vor Ewigkeiten", erklärte Malte. „Hast du das gar nicht mitbekommen?"

Ich schüttelte den Kopf und fühlte mich eigenartig. Wach und müde gleichzeitig. Vergnügt und nicht ganz so vergnügt, ebenfalls gleichzeitig.

Wir fuhren mit Leuten zurück, die ich noch nie gesehen hatte.

„Wo wohnst du denn?", fragte mich der Beifahrer und drehte sich zu uns um. Malte hatte gesagt, das sei Jannis, Benjamins älterer Bruder. Kaum zu glauben, dass er tatsächlich mit Benjamin verwandt sein sollte. Er war ein ganz anderer Typ. Obwohl er noch sehr jung aussah, trug er schicke Designersachen, und auf der Nase hatte er eine edle, dunkle Sonnenbrille von *Jean Paul Gaultier*, dieser Name war jedenfalls auf dem rechten Brillenbügel eingeprägt, in winzigen Buchstaben. Ich musste dauernd darauf starren. Überhaupt hatte ich das Gefühl, an diesem Morgen messerscharf sehen zu können. *Wie ein Adler vielleicht, der aus höchsten Höhen eine winzige, um ihr Leben rennende Maus im Auge behalten konnte ...*

Ich nannte Benjamins Bruder vorsichtshalber Frankas Adresse. Es war schließlich noch sehr früh. Vielleicht hatte Frankas Mutter gar nicht entdeckt, dass ich in der Nacht nicht mit zurückgekommen war.

Aber natürlich hatte sie es entdeckt. Anscheinend schon mitten in der Nacht, denn auch Franka schien viel zu spät nach Hause gekommen zu sein. Sie sagte, sie habe zuerst mich gesucht wie verrückt und danach jemanden, der sie mit in die Stadt nahm. Und all das hatte Zeit gekostet.

Meine Mutter und Frankas Mutter saßen in der Küche, als ich kam. Noch bevor ich ein Steinchen gegen Frankas Zimmerfenster werfen konnte, wurde die Haustür aufgerissen.

Alleine stand ich vor meiner Mutter.

„Hallo", sagte ich.